최첨단 디지털 학습

of English

On-line과 Off-line을 통한 디지털 영어학습 

지름길 잉글리쉬

왕도는 없어도
지름길은 있다

지름길 잉글리쉬

왕도는 없어도 지름길은 있다

Digis

시중에는 상황별 표현에 맞춘 수많은 영어 회화 책들이 있다. 그러나 유창한 영어 회화의 꿈은 상황 중심의 회화 문장을 줄줄 외운다고 해서 이루어지는 것은 아니다. 다양한 상황에서 내가 원하는 말을 자유롭게 만들어 쓸 수 있기 위해서는 기본 문법을 바탕으로 영어 문장의 원리와 영어 표현의 특징을 알고 미국식으로 사고하는 방식을 머릿속에 익혀야 한다.

이에, 이 책에서는 누구나 본인이 원하는 말을 원하는 상황에 만들어 쓸 수 있도록 문장 형태 중심의 기본적인 문법만을 다루었다. 즉, 기존의 문법 체계보다는 대화를 하는 데 있어 꼭 필요한 문법 순서를 고려하여 Part I 에서는 말의 가장 기본이 되는 명사 만드는 법을 수식어 중심으로 설명하였고, Part II 에서는 대화에 쓰이는 다양한 문장을 형태별로 보여주었다. Part III 에서는 영어 문장의 핵심인 시제를 동사 중심으로 설명하였으며, 마지막으로 Part IV 에서는 융통성 있는 회화를 위해 문장의 앞이나 뒤에 쉽게 덧붙일 수 있는 부가구문을 이해하기 쉽도록 설명하였다.

또, 문장을 만들기 위한 그 외의 필수 문법 사항을 본문의 중심 내용과 연결시켜 간단히 설명함으로써 자연스럽게 문법과 회화를 익힐 수 있도록 하였다.

이 책은 진짜 영어 실력을 키울 수 있도록 기본 문법과 영어표현의 특징을 바탕으로 차근차근 트레이닝 과 본격 트레이닝 을 거쳐 본격적으로 대화를 할 수 있도록 구성되었다. 그리고 본문의 필수 문법을 반영한 일상 대화 **우리 멋진 만남**을 통해 회화에 자신감을 가질 수 있게 하였다. 마지막으로 영어의 특별한 리듬을 익히기 위해 억양에 따라 글씨 색을 진하게 표기하였으며, 효과적인 말하기 연습을 위한 를 준비하여 발음 연습을 충분히 할 수 있도록 하였다.

유창한 영어 회화를 기대하며 이 책을 통해 기본 문법과 영어의 감각을 익힌 후 말하기 연습에 몰입한다면, 어느 순간 본인이 말하고 싶은 표현을 딱 알맞은 상황에 자유롭게 말할 수 있게 될 것이다.

● **원리를 알면 미국인과 만나도 대화가 술술!**

더 이상 상황별 대화를 암기하지 않아도 된다. 회화를 위한 문법과 영어 표현의 특징만 알면 미국식으로 사고할 수 있고, 언제 어느 상황에서 미국인을 만나도 대화가 술술 나오니까!

●● **차근차근 말하기 연습을 할 수 있는 트레이닝!**

기본 문법을 통한 영어 문장의 원리가 내 것이 되었다면, 간단한 단어와 문장부터 긴 구문까지 직접 만들어 보며 차근차근 말하기 연습을 해보자. 훈련만 잘 따라한다면 일상에서 영어로 대화하고 표현하는 것은 아무 문제없다.

영어의 지름길은 바로 영어의 원리를 깨우치는 것!
영어의 원리를 알면 영어회화가 술술~

생생 대화문과 미국 문화를 한꺼번에!

각 장마다 주제가 있는 생생 대화문과 함께 그 대화와 관련 있는 미국 문화가 사진까지 곁들여 제공되어 있다. 미국에 있다고 가정하고 생생 대화문을 읽어 보자. 회화에 점점 더 자신감이 붙는다.

리듬을 보여주는 강약 표기와 말하기 연습을 위한 녹음테이프!

강약의 리듬에 따라 글씨 색이 다르게 표기된 트레이닝과 생생 대화문으로 말하기 연습을 할 수 있고, 녹음된 테이프에서 Native Speaker의 발음을 확인할 수 있어 더욱 효과적인 영어 회화 연습이 가능하다.

이 책의 구성

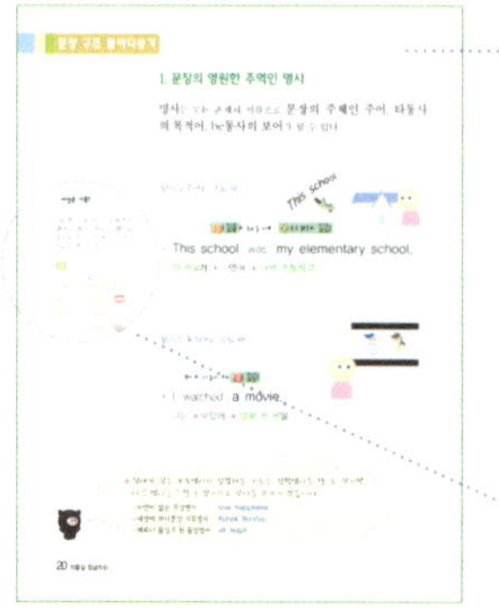

● 필수 문법을 담은 **문장구조 들여다보기!**

영어회화를 위한 기본 문법만을 일러스트가 곁들여진 생생한 예문과 함께 다루었다. 이해하기 쉽도록 문법 용어를 과감히 삭제하였고, 추가 문법사항을 보여주어 독자들의 궁금증을 해결하였다.

● 반드시 알고 넘어가야 할 **이것은 기본**

본문 설명 외에 영어회화를 위해 꼭 알아야 할 중요 문법을 따로 뽑아 제시하였다. 일러스트를 통해 이해함으로써 더욱 재미있게, 더욱 잘 기억할 수 있다.

● 유창한 회화를 위한 필수 **트레이닝 2단계!**

기본 문법을 활용하여 문장 만드는 훈련을 할 수 있도록 트레이닝을 2단계로 나누어 차근차근 트레이닝에서는 짧은 문장을 만들어 보고, 본격 트레이닝에서는 주제를 정하여 말을 길게 만들어 볼 수 있도록 구성하였다.

● 영어의 감각을 키워 주는 **영어 표현의 특징!**

언어를 배우려면 먼저 그 언어가 가진 고유한 특성을 이해하고 시작하는 것이 빠르다. 이 책에서는 가장 핵심이 되는 영어 표현의 특징 40가지를 제시하여 영어에 대한 감각을 자연스럽게 익힐 수 있게 하였다.

● 유쾌하게 말문을 열어주는 **우리 멋진 만남!**

미국 현지에서 자주 쓰이는 20가지 상황의 대화문을 보여주어 미국의 생생한 대화를 경험할 수 있을 뿐 아니라, 녹음된 테이프를 들으며 Native Speaker와 똑같은 발음으로 대화를 연습할 수 있도록 하였다.

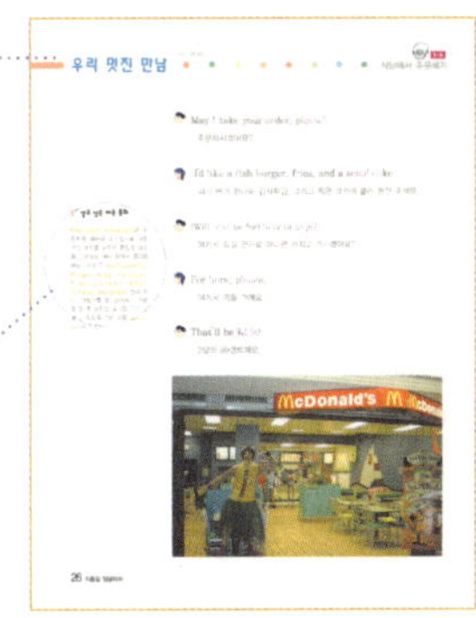

● 영어 이해에 도움이 될 **알고 싶은 미국 문화!**

독자들이 영어를 공부하면서 꼭 알고 싶어 하는 재미있는 미국 문화만을 선별해 모았다. 미국 문화를 관련 사진과 함께 접해 보며 흥미로운 영어 세계에 빠질 수 있도록 하였다.

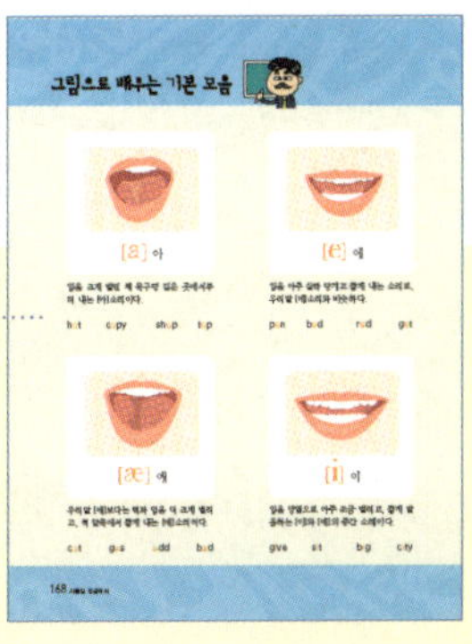

● 자신 있는 영어회화를 위한 **발음**

영어의 알파벳과 기본 모음, 혼동하기 쉬운 자음을 입모양 그림을 보면서 Tape를 들으며 Native Speaker의 발음대로 연습할 수 있다.

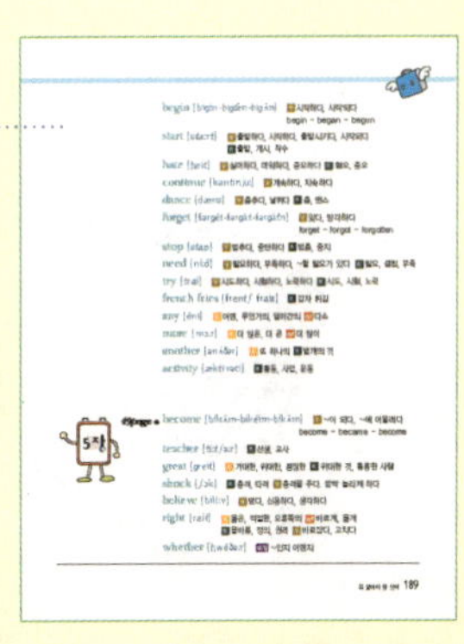

● 유창한 영어회화를 위한 **꼭 알아야할 단어**

본문에 나온 단어를 Page 순서대로 나열하였으며 학습 효과를 높이기 위하여 최대한 많은 뜻을 담았다. 영어회화에 꼭 필요한 단어이므로 여기에 나오는 단어만큼은 꼭 알아두자!

★ **이 책에 나오는 약어**

🟠 주어 🟢 동사 🔴 목적어 🟢 보어 💚 명사 💜 형용사 💙 부사 🔵 전치사 🟣 접속사

Part I

짧아지고 길어지는 신기한 명사

Part II

내가 만들고 싶은 모든 문장 형태

과거완료
미래진행 현재완료
미래 현재 과거

Part Ⅳ
주절 앞에 쉽게 덧붙이는 부가 구문

入門

짧아지고 길어지는 신기한 명사

Part Ⅰ

여기에서는 존재의 이름이 되는 명사의 모든 것을 배운다.

명사는 앞·뒤에 어떤 수식어가 붙느냐에 따라 짧아지기도 하고 길어지기도 한다. 명사 앞에 형용사를

두어 꾸며주는 방법, 명사 뒤에 관계사절을 사용하여 꾸며주는 방법 등을 알아보자!

주어·목적어·보어가 되는 **명사(구)**

세상의 모든 존재는 이름을 갖는데, 이를 **명사** 라고 한다. 우리말은 명사를 쓸 때 단·복수를 엄격히 따져 말하지 않지만, 영어는 명확한 것을 좋아하기 때문에 셀 수 있는 명사의 단·복수 개념을 철저히 구분한다. 그리고 명사의 반복을 피하기 위해 앞서나온 명사를 대신해 **대명사** 를 사용하여 간단히 '그, 그녀, 그것…' 으로 칭한다.

1. 문장의 영원한 주역인 명사

명사는 모든 존재의 이름으로 문장의 주체인 주어, 타동사의 목적어, be동사의 보어가 될 수 있다.

이것은 기본!

ⓐ 명사 중에는 단·복수의 형태가 불규칙적으로 변하는 명사도 있고, 단·복수 형태가 똑같은 명사도 있다.

ex

단수	복수	
man	men	
tooth	teeth	
sheep	sheep	
deer	deer	

◆ 명사가 주어로 쓰일 때

주 (명) + be동사 + 보 =(소유격 + 명)

- This school was my elementary school.

  이 학교가 + ~였어 + 나의 초등학교.

◆ 명사가 목적어로 쓰일 때

주어 + 타동사 + 목 (명)

- I watched a movie.

  나는 + 보았어 + 영화 한 편을.

 ＊ 형태가 있는 보통명사와 집합체를 이루는 집합명사는 셀 수 있지만, 다음 명사들은 셀 수 없으므로 관사를 붙이지 않습니다.
- 모양이 없는 추상명사　　love, happiness …
- 세상에 하나뿐인 고유명사　　Korea, Sunday …
- 재료나 물질로 된 물질명사　　air, sugar …

2. 단·복수를 엄격히 표시하는 냉정한 명사

단·복수의 개념에 따라 **셀 수 있는 명사**는 수의 크기를 밝혀 주
어야 한다. 개수가 하나일 때는 '모음으로 시작하는 명사 앞에 **an**,
자음으로 시작하는 명사 앞에 **a** (혹은 one)' 를 붙이고, 두 개 이상
일 때는 명사 앞에 개수를 밝히고 명사 뒤에 **(e)s**를 붙여 복수형으
로 만든다. 단, 단수 명사 앞에 소유격이 올 때는 관사 **a/an**을 붙이
지 않는다.

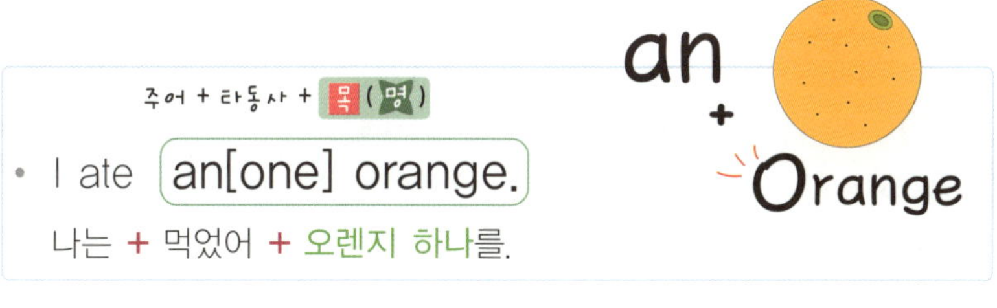

■ eat – ate – eaten 먹다

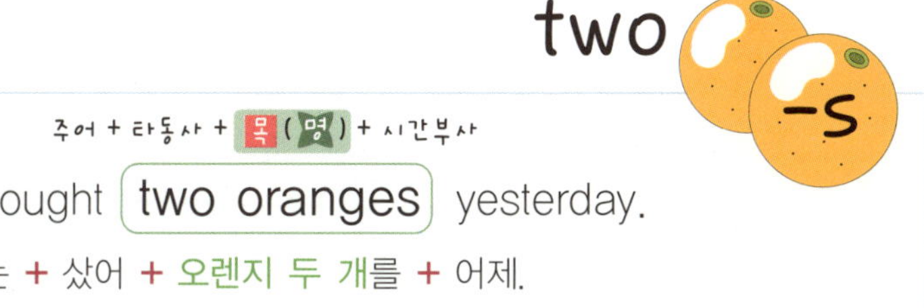

■ buy – bought – bought 사다

3. 콕 집어 the를 붙여야 하는 구체적인 명사

앞서 언급된 명사나 세상에 하나밖에 없는 명사 등 **뚜렷하게 정해진 대상**을 가리킬 때 **명사 앞에 정관사 the**를 붙인다.

이것은 기본!

ⓒ 단어가 본래의 목적으로 쓰일 때는 (정)관사를 생략한다.

ex

He went to school.
그는 (공부하러) 학교에 갔어.

He went to the school.
그는 (공부 외의 목적으로) 학교에 갔어.

주어 + 동사 + 목 =(the + 명)

- I love **the sun.**

나는 + 너무 좋아해 + 태양을.

세상에 하나밖에 없는 대상

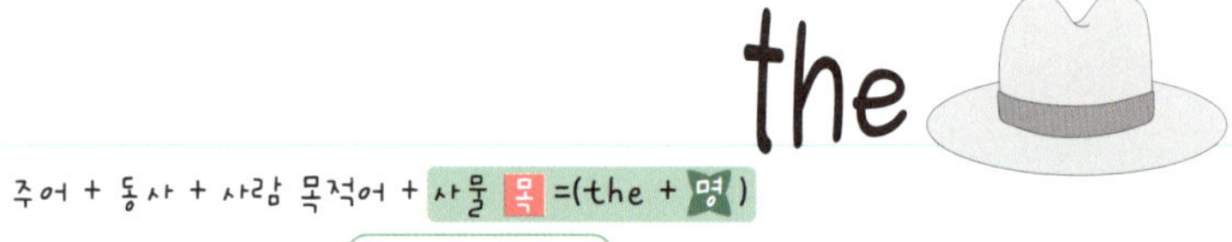

주어 + 동사 + 사람 목적어 + 사물 목 =(the + 명)

- I passed him **the hat.**

나는 + 건넸어 + 그에게 + 그 모자를.

구체적으로 정해진 모자

4. 명사를 대신하기 위해 태어난 대명사

명사를 대신하는 말을 **대명사**라고 한다. 사람만 대신할 수 있는 인칭대명사와 사람과 사물을 모두 대신할 수 있는 지시대명사가 있으며 각각 단수·복수가 있다. 지시대명사 this, these, that, those 는 명사 앞에 쓰여 'this umbrella이 우산', 'those pens저 펜들' 와 같이 지시형용사 역할을 할 수 있다.

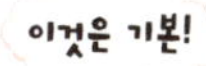

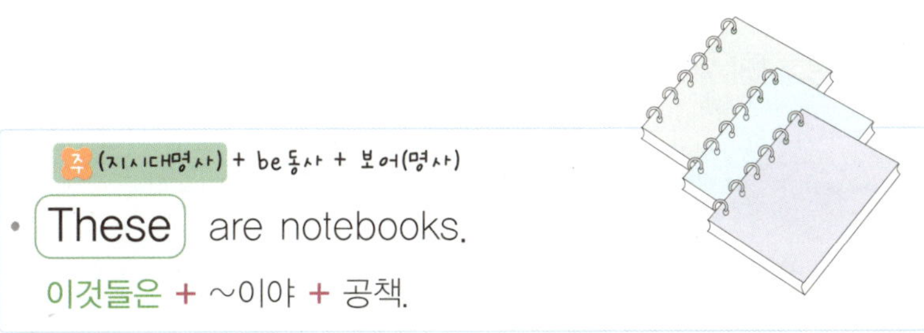

인칭		주격	소유격	목적격	소유대명사
1인칭	단수	I	my	me	mine
	복수	we	our	us	ours
2인칭	단·복수	you	your	you	yours
3인칭	단수	he/she	his/her	him/her	his/hers
	복수	they	their	them	theirs

1-A Tape을 듣고 색깔이 있는 부분을 강하게 발음하는 훈련을 하자.

1. 개수에 맞추어 명사를 만들어 보자.

1) 초 한 자루 → a candle

2) 오렌지 주스 한 잔 → an orange juice

3) 지우개 다섯 개 → five erasers

4) 야구공 열 개 → ten baseballs

☑ 영어표현의 특징

ⓐ 영어 표현은 정확한 숫자 개념에 따라 셀 수 있는 명사의 단수·복수를 엄격히 구분한다.

ex

그 신발은 나에게 작았어.
The shoes were too small for me.

2. 관사와 대명사가 있는 문장을 연습해 보자.

1) 그 지갑은 내 꺼야.

→ The purse is mine.

2) 그녀의 딸은 친절해.

→ Her daughter is kind.

3) 나는 그걸 몰랐어.

→ I didn't know that.

4) 그들은 이 자동차를 좋아할 거야.

→ They will like this car.

1–A

◉ 자신의 악기에 대해 말해 보자.

• 내가 가장 좋아하는 물건은 내 기타이다.
  My favorite thing is my guitar.

• 나는 그 기타를 3년 전에 샀다.
  I bought the guitar three years ago.

• 나는 언제나 그것을 지니고 다닌다.
  I always take that along.

• 이제는 바이올린을 하나 사고 싶다.
  I want to buy a violin now.

☑ 영어표현의 특징

ⓑ 영어는 셀 수 없는 명사를 변형시켜 셀 수 있는 구체적인 명사로 만들 수 있다.

ex
respect 존경, 경의, 주목
respects 인사, 안부
in this respect 이 점[면]에서

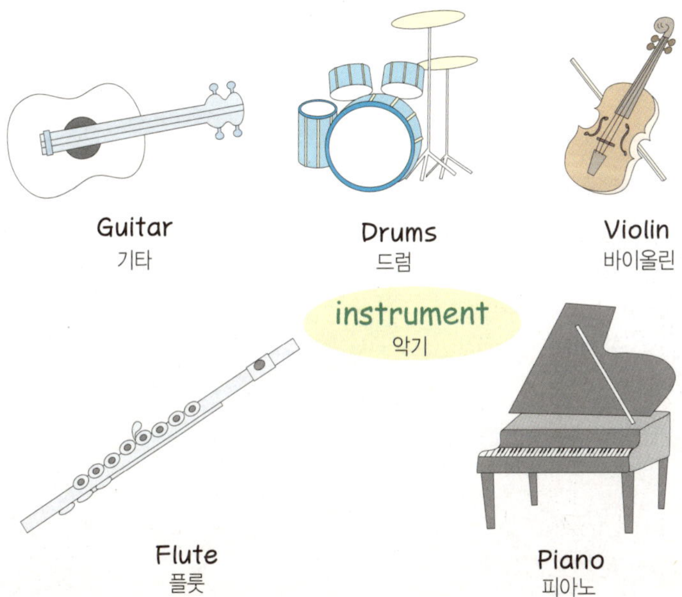

Guitar
기타

Drums
드럼

Violin
바이올린

instrument
악기

Flute
플룻

Piano
피아노

우리 멋진 만남

May I take your order, please?

주문하시겠어요?

I'd like a fish burger, fries, and a small coke.

피시 버거 하나와 감자튀김, 그리고 작은 크기의 콜라 한잔 주세요.

(Will that be for) here or to go?

여기서 드실 건가요 아니면 가지고 가시겠어요?

For here, please.

여기서 먹을 거예요.

That'll be $3.99.

3달러 99센트예요.

☑ 알고 싶은 미국 문화

Fast food restaurant은 표준화된 메뉴와 조리법으로 대량 생산 체제를 갖추어 통일된 상호와 간판으로 여러 곳에서 영업을 하는 곳으로 McDonald's, Burger King, Kentucky Fried Chicken (KFC), Subway Sandwich 등이 있다. 자동차를 탄 상태에서 주문을 한 후 포장된 음식을 갖고 나갈 수 있도록 만든 것을 drive-in이라고 한다.

명사를 길게 만들어 볼까

문장에서 가장 중요한 것은 주어와 동사를 구분하는 것이다. 주어·목적어·보어·목적보어가 될 명사를 꾸며주는 다양한 형태를 알고 나면 문장 안에서 어떤 명사라도 자유롭게 꾸며줄 수 있을 것이다. 명사와 명사를 꾸며주는 수식어를 모두 합쳐 명사구라고 한다. 명사를 앞에서 꾸미는 형용사와 명사를 뒤에서 꾸미는 관계사절을 알아보자.

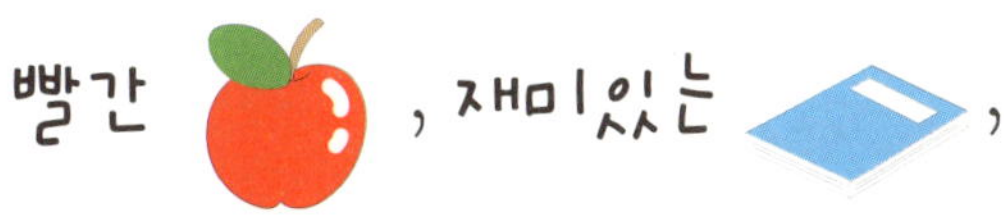

그가 시험에 합격했다는 사실…

1. 명사를 앞에서 컬러링하는 형용사

명사를 꾸며주는 가장 쉬운 방법은 **형용사를 명사 앞에** 두어 명사의 성격을 설명해 주는 것이다. 명사가 명사 앞에 쓰여도 명사를 꾸며줄 수 있다.

이것은 기본!

ⓐ 단어는 말 그대로 단어, 구는 두 개 이상의 단어, 절은 주어와 동사를 기본으로 갖춘 하나의 완전한 문장이다. 절은 완전한 문장이지만 구는 완전한 문장이 아니다.

단어 : apple book

구 :
the red apple
this interesting book

절 :
The apple was delicious

주 = (형 + 명) + be동사 + 보어(형용사)

- **The red apple** was delicious.

  그 빨간 사과는 + 맛있었어.

····▶ The apple was red.　　　　그 사과는 빨간색이었어.
　　　 The apple was delicious.　그 사과는 맛있었어.

주 = (형 + 명) + be동사 + 보어(형용사)

- **This interesting book** will be good.

  이 재미있는 책은 + 유익할 거야.

····▶ This book is interesting.　　이 책은 재미있어.
　　　 This book will be good.　　이 책은 유익할 거야.

✳ 예외란 어디에나 있죠! ~thing으로 끝나는 명사는 반드시 뒤에서 꾸며줍니다.

- something strange 뭔가 이상한 것　　• anything cold 차가운 것

····▶ 긍정문에서나 긍정의 답을 기대할 때의 의문문에서는 something을 쓰고 부정문에서나 대답을 확신할 수 없을 때의 의문문에서는 anything을 쓴다.

- everything that you want 네가 원하는 모든 것

2. 명사를 뒤에서 길게 컬러링하는 관계사절

명사를 꾸며주는 말로서 형용사만으로 충분하지 않을 때 명사 뒤에서 명사를 꾸며줄 수 있다. 관계사 who, which, that 등이 동사와 함께 명사 뒤에서 명사를 꾸며줄 때 관계사절이라고 한다.

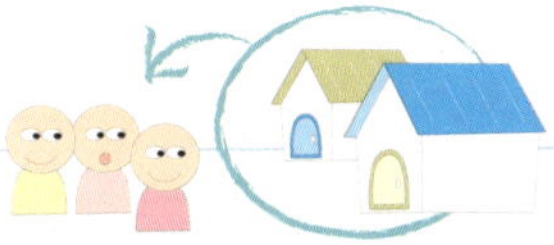

명 + [형 =(who + 자 동 + 부)]

• the people [who live next door]

사람들 + 이웃집에 사는

⋯▸ The people live next door. 그 사람들은 이웃집에 산다.

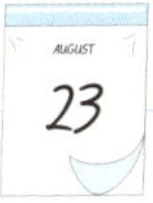

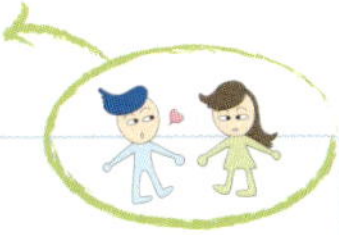

명 + [형 =(when + 주 + 부 + 타 동 + 목)]

• that day [when I first met you]

그날 + 내가 처음 만났던 + 너를

⋯▸ I first met you on that day. 나는 그날에 너를 처음 만났다.

이것은 기본!

ⓑ 관계사를 사용해서 문장을 만들 땐 명사를 수식하는 관계사절에서 관계사가 문장에서 어떤 역할을 하는지 알아야 한다.

사람 주어는 — who 또는 that (~가)

사람 목적어는 — whom 또는 that (~을, 를)

사물은 주어, 목적어 모두 — which 또는 that (~가, ~을/를)

* 주절의 동사가 무엇인지 혼동될 수 있으므로 주격 관계대명사 who, which, that은 생략할 수 없지만, 목적격 관계대명사 who, whom, which, that은 생략할 수 있습니다.

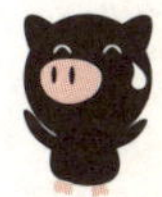

3. 소유격을 콕 집어 컬러링하는 whose

때에 따라 '대상의 무엇'에 대해 표현해야 할 때가 있는데, 이때 사람·사물에 관계없이 **소유격 관계대명사** whose를 쓴다. whose 앞에는 반드시 소유격의 주체가 있어야 하고, whose 다음에는 반드시 소유격의 대상인 명사가 와야 한다.

이것은 기본!

ⓒ 명사를 수식하는 관계사절은 형용사 역할을 하지만, 명사보다 길기 때문에 명사 뒤에서 명사를 꾸며준다.

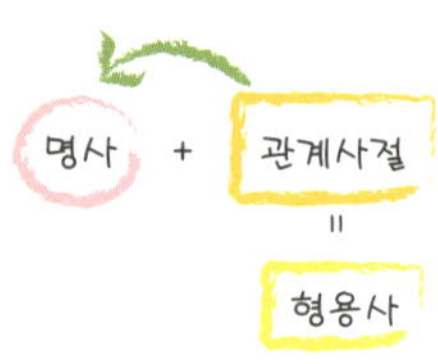

명사 + 관계사절 = 형용사

- a girl [whose hair came down to her waist]

소녀 + 머리카락이 허리까지 내려온

⋯▸ Her hair came down to her waist.

그녀의 머리카락은 허리까지 내려왔다.

- the student [whose voice is very loud]

그 학생 + 목소리가 매우 큰

⋯▸ The student's voice is very loud.

그 학생의 목소리는 매우 크다.

4. 문장 전체를 주어로 만드는 마법사 which

명사는 단어나 구일 수도 있지만, 문장 자체가 될 수도 있다. **명사절**(that절)은 '**접속사**(that)+**주어**+**동사**'로 이루어지며, 명사절이 주어가 될 때는 문장 다음에 콤마를 붙이고 which를 써서 명사 역할을 할 수 있다. 하나의 문장으로 계속 이어지기 때문에 계속적 용법이라고도 한다.

···▶ She passed the test, which surprised everybody.
　　　그녀가 시험에 합격했어, 그 사실이 모든 사람들을 놀라게 했어.

ⓓ 명사절의 계속적 용법에는 which만 쓸 수 있고 that은 쓸 수 없다.

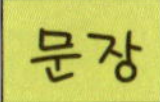 
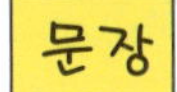 

Tape을 듣고 색깔이 있는 부분을 강하게 발음하는 훈련을 하자.

1-A

1. 형용사를 써서 명사를 앞에서 꾸며보자.

1) 작은 방 → a small room

2) 키가 큰 소년 → a tall boy

3) 지저분한 교실 → a dirty classroom

4) 비싼 가방 → an expensive bag

☑ **영어표현의 특징**

ⓐ 영어는 문장의 뼈대가 되는 단어(주어, 동사, 목적어, 보어) 중심으로 이해하는 언어이다. 단, 형용사는 원래 명사 앞에서 명사를 수식하지만, 관계사절로 길게 수식해줄 때는 명사 뒤에서 꾸며주는 것이 이해하기에 편하므로 명사 뒤에 쓴다.

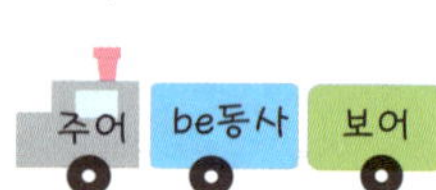

2. 관계사를 사용하여 명사를 뒤에서 꾸민 문장을 연습해 보자.

1) 내가 오늘 저녁에 들었던 음악

→ the music which[that] I listened to this evening

2) 그녀가 파티에서 만난 남자

→ the man who(m)[that] she met at the party

3) 언니가 작가인 내 친구

→ my friend whose sister writes books

4) 그가 방을 청소했다는 사실

→ that he cleaned the room

(He cleaned the room, which + ∼)

◉ 자신을 소개하는 문장을 만들어 보자.

- 저는 서울에서 태어나 자란 바바라라고 합니다.
  This is Barbara who was born and raised in Seoul.

- 저의 취미는 저를 즐겁게 하는 독서입니다.
  My hobby is reading. That pleases me.

- 제가 가장 존경하는 작가는 작품이 정말 훌륭한 헤르만 헤세입니다.
  My favorite writer is Hermann Hesse whose books are really nice.

- 저는 기자가 되는 게 꿈이고, 그 꿈은 저에게 많은 힘을 줍니다.
  I want to be a reporter, which gives me a lot of energy.

☑ **영어표현의 특징**

ⓑ 영어는 하나의 단어가 수많은 뜻을 내포하고 있다. 그러나 파생되는 다양한 의미들은 그 단어의 고유한 이미지와 연결되어 있음을 알 수 있다.

Can I see that shirt (which is) in the showcase?
진열장 안에 있는 저 셔츠를 보여주시겠어요?

What is your size?
치수가 어떻게 되죠?

I need size 16. Where's the fitting room?
치수 16을 주세요. 옷 갈아입는 곳이 어딘가요?

The dressing rooms are in the back.
옷 갈아입는 방은 뒤쪽에 있습니다.

☑ **알고 싶은 미국 문화**

우리나라와 미국의 옷 치수는 서로 다르므로 미국에서 쇼핑몰이나 상점에 갈 때는 자신의 옷 size를 기억해 두고 가는 것이 좋다.

ex

여자 기성복 상의

Korea	80	85	90	95	100	105
U.S.A	8	10	12	14	16	18

남자 와이셔츠

Korea	36	37	38	39	40	41
U.S.A	14	14½	15	15½	16	16½

➡ 미국의 상술로 Buy now, pay later! 지금 사고 나중에 지불하세요! 라는 말이 있다. 지금 돈이 없으면 외상이나 신용카드로 사서 나중에 할부로 지불하라는 뜻이다. 그리고 쇼핑몰이나 상점에서 주로 쓰는 상업적인 표현으로 Buy one, get one free! 하나를 사면 하나는 공짜! 가 있다.

3장 명사가 된 동사 동명사(구)

동사원형에 ~ing를 붙인 형태를 동명사라고 한다. 동사와 명사의 성격을 동시에 가지므로 목적어를 취할 수 있고, 문장 안에서 명사처럼 쓰일 수 있다. 동사 중에는 동명사만 목적어로 취하는 동사, to부정사만 목적어로 취하는 동사, 어느 것을 취하는지에 따라 의미가 달라지는 동사, 그리고 어느 것을 취해도 의미 차이가 없는 동사가 있다. 주어·목적어·보어·목적 보어로 다양하게 쓰이는 동명사의 쓰임을 알아보자.

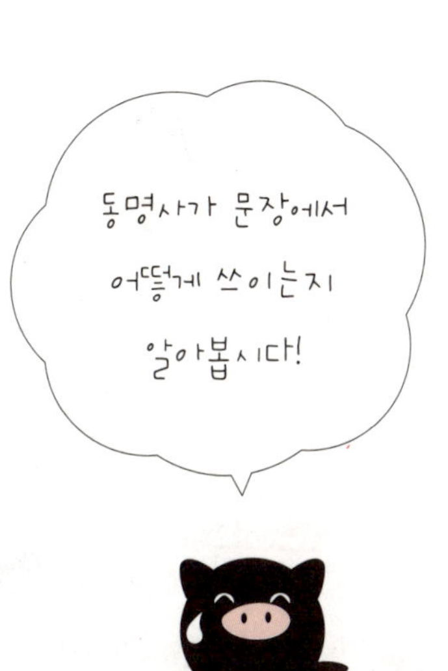

1. 명사를 사랑하여 명사를 닮아버린 동사, 동명사

명사가 된 동사를 동명사라고 한다. **동명사**는 '**동사원형**+ ~ing' 의 형태를 가진다. 동명사는 원래의 모습인 동사의 성격을 가지므로 타동사로 쓰일 경우 반드시 목적어가 있어야 하고, 일종의 명사이므로 문장 안에서 명사가 올 수 있는 자리에 어디든지 쓰일 수 있다.

동사원형 + ~ing
= 동명사

이것은 기본!

ⓐ 동명사를 부정하려면 동명사 앞에 not을 붙이면 된다.

동명사의 부정
= not + 동명사

ex

He is thinking of not going there.
그는 거기에 가지 않을까 생각 중이야.

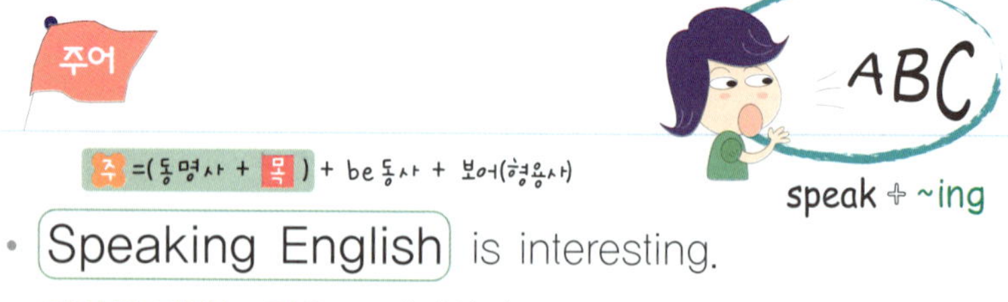

- Speaking English is interesting.
영어를 말하는 것은 + 재미있어.

- His hobby is making furniture.
그의 취미는 + 가구를 만드는 거야.

- I am interested in playing basketball.
나는 + 흥미가 있어 + 농구하는 것에.

2. 동명사만 특별히 좋아하는 동사

동사 중에는 **동명사만을 목적어로 취하는 동사**가 있다.

◆ 동명사만 목적어로 취하는 동사

admit 인정하다	enjoy 즐기다
mind 꺼리다	dislike 싫어하다
finish 끝내다	give up 포기하다
consider 고려하다	advise 권하다 suggest 제안하다

주어 + 타동사 + 목 =(동명사 + 목) + 부사구

drink ÷ ~ing

• I enjoy drinking coffee every morning.

나는 + 즐겨 + 커피 마시는 것을 + 매일 아침에.

1. 동명사 형태의 명사를 만들어 보자.

1) 외출하는 것[외출하기] → going out

2) 영화 보는 것[영화 보기] → seeing movies

3) 진실을 말하기 → saying the truth

4) 담배 피우지 않기 → not smoking

☑ 영어표현의 특징

ⓐ 영어는 어휘를 새로 만들어 쓰기보다는 기본 동사에 기존 어휘를 붙여 쓰는 경향이 있다.

ex
설거지하다
→ do the dishes

꽃꽂이하다
→ do flowers

방 청소하다
→ do one's room

2. 목적어로 동명사가 쓰인 문장을 연습해 보자.

1) 톰은 설거지를 끝냈어.

→ Tom finished doing the dishes.

2) 나는 집에서 그가 담배 피는 것이 싫어.

→ I dislike his smoking in this house.

3) 그녀는 가수가 되는 것을 포기했어.

→ She gave up being a singer.

4) 당신의 전화를 빌려 써도 괜찮을까요?

→ Do you mind using your phone?

1-A

◉ 자신의 취미를 표현해 보자.

• 저는 요리하는 것을 좋아합니다.
  I like cooking food.

• 언젠가 요리사가 될 것을 생각하고 있어요.
  I consider being a cook some day.

• 제 친구 중 한 명이 저에게 요리사가 될 것을 제안했지요.
  One of my friends suggested being a cook to me.

• 앞으로도 요리 실습을 계속 할 거랍니다.
  I'll keep practicing my cooking.

☑ 영어표현의 특징

ⓑ 동명사와 to부정사는 둘 다 동사에서 변형되어 명사처럼 쓰이지만, 동명사는 '~ing형'으로 진행형의 느낌이 강해서 과거의 일이나 습관을 나타내는 데 쓰고, to부정사는 목표점을 나타내는 'to'와 같이 쓰여 미래 지향적인 느낌이 강하다.

ex

stop smoking
담배 피우던 습관을 끊다

stop to smoke
담배 피우려고 동작을 멈추다

Playing computer games
컴퓨터 게임하기

Reading books
책 읽기

hobby
취미

Mountain climbing
등산하기

Cooking
요리하기

Playing tennis
테니스 치기

What is your **ho**bby?

취미가 뭐예요?

I like pl**a**ying s**p**orts.

운동을 좋아해요.

What kinds of s**p**orts do you **li**ke be**st**?

어떤 운동을 가장 좋아해요?

I like s**w**imming be**c**ause it c**o**nsumes **s**o **many** ca**lo**ries.

칼로리 소모가 많은 수영이 좋아요.

☑ **알고 싶은 미국 문화**

미국 사람들은 휴일에나 시간이 날 때 근처 공원에서 한가롭게 시간을 보낸다. 미국의 공원은 매우 크고 바비큐 babecue 도 해 먹을 수 있을 만큼 시설들이 잘 갖추어져 있다. 도시에 사는 사람들은 취미로 대부분 헬스클럽이나 실내골프장 등에서 체력을 단련한다. 골프장은 우리나라와 비교가 안 될 만큼 싼값으로 이용할 수 있기 때문에 사람들이 쉽게 찾는 편이다. 교외 지역에 사는 사람들은 집 근처에 공원이 가까이 있기 때문에 낚시나 하이킹 등을 자주 즐긴다. 또, 미국 중장년층의 대표적인 취미는 잔디를 깎거나 화단을 가꾸는 등의 정원 가꾸기 gardening이다.

4장 동사원형에 to를 붙여도 명사
to부정사(구)

부정사란 인칭, 시제, 단·복수에 의해 영향을 받지 않는 단어를 말한다. to가 없는 부정사를 원형부정사라고 하고, 「to+동사원형」의 형태를 to부정사라고 한다. to부정사는 동명사와 마찬가지로 명사가 되어 '주어, 목적어, 보어' 역할을 할 뿐 아니라 명사를 꾸며주는 '형용사' 역할과 목적, 원인, 결과를 나타내는 '부사' 역할도 할 수 있다.

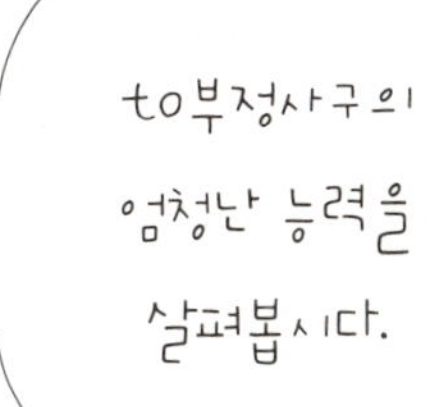

1. 명사가 좋아 to를 붙이고 명사가 된 동사, to부정사구

'to+동사원형'의 형태를 to부정사라고 한다. to부정사도 동명사와 마찬가지로 동사의 변형이므로 타동사일 경우에 반드시 목적어가 있어야 하고, 동명사처럼 명사 자리에 쓰일 수 있다.

이것은 기본!

ⓐ to부정사를 부정하려면 동명사를 부정하는 것과 마찬가지로 to부정사 앞에 **not**을 붙이면 된다.

> to부정사의 부정
> = not + to부정사

ex

They chose not to open a new restaurant.
그들은 새로운 식당을 열지 않기로 했어.

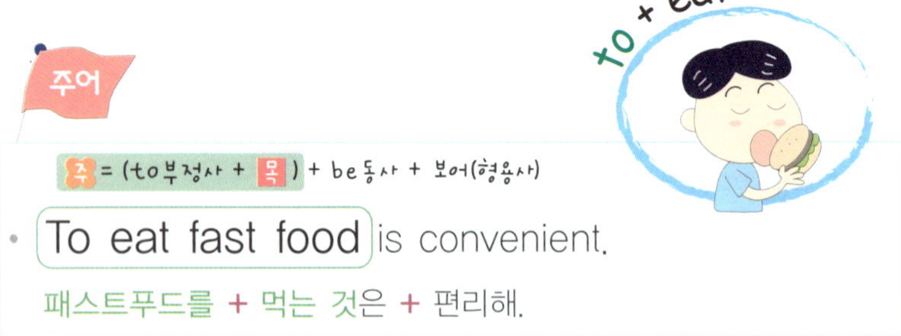

····▶ It is convenient to eat fast food.

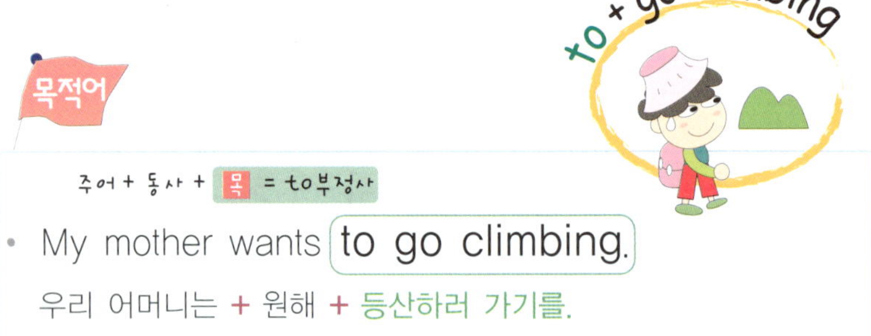

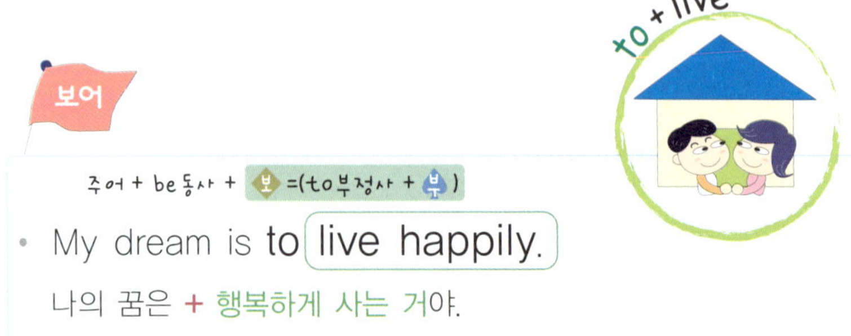

2. 능력이 많은 to부정사구

to부정사구는 명사 뒤에서 명사를 꾸며주는 **형용사** 역할을 할 수 있고, **부사**처럼 쓰여 목적, 원인, 결과, 조건 등을 나타낼 수 있다.

ⓑ to부정사를 완료 시제로 쓰려면 'to have p.p.'의 형태로 쓴다.

> to부정사의 완료시제
> = to have + p.p.

ex

I'm sorry to have kept you waiting so long.
너무 오래 기다리게 해서 죄송합니다.

가주어 + be동사 + 명사 + 형 = (to부정사 + 목)

• It is time to take a break.

시간이야 + 휴식을 취할.

주어 + be동사 + 보어(형용사) + 부 =(to부정사 + 목)

- He was glad to hear the news.

그는 + 기뻤어 + 그 소식을 듣고.

···▶ He was glad because he heard the news.

그는 그 소식을 들어서 기뻤어. 원인

이것은 기본!

ⓒ 전치사 to는 목표 및 방향의 도달점과 상태의 결과를 반영하는 것이 특징이다. 따라서 to부정사는 동명사(과거 지향적)와 반대로 미래 지향적이고, 일어나지 않은 미래의 일을 말할 때 주로 쓰인다.

목표, 결과

to

3. to부정사만 특별히 좋아하는 동사

동사 중에는 동명사만을 목적어로 취하는 동사가 있듯이, to부정사만을 목적어로 취하는 동사도 있다.

♦ to부정사만을 목적어로 취하는 동사

want 원하다	hope 바라다	expect 기대하다
agree 동의하다	decide 결정하다	refuse 거절하다
prepare 준비하다	plan 계획하다	promise 약속하다　learn 배우다

주어 + 타동사 + 목 = (to부정사 + 목)

- I decided to take a taxi.

나는 + 결정했어 + 택시 탈 것을.

* 동명사와 부정사를 의미 차이 없이 목적어로 취하는 동사도 있어요.

· begin 시작하다, start 시작하다, like 좋아하다, love 사랑하다, 매우 좋아하다, hate 싫어하다, continue 계속하다…

ex I like dancing. 나는 춤추는 게 좋아.

= I like to dance.

4. 동명사와 부정사를 달리 대우하는 동사

동사 중에는 목적어로 동명사와 부정사를 의미 차이 없이 취하는 동사가 있는 반면에, **무엇을 쓰느냐에 따라 의미가 달라지는 동사**가 있다.

♦ 목적어로 동명사와 to부정사가 올 때 의미가 달라지는 동사

remember 기억하다　　forget 잊다　　stop 멈추다

need 필요하다　　　　try 시도하다

┄┄ 동명사가 쓰일 때

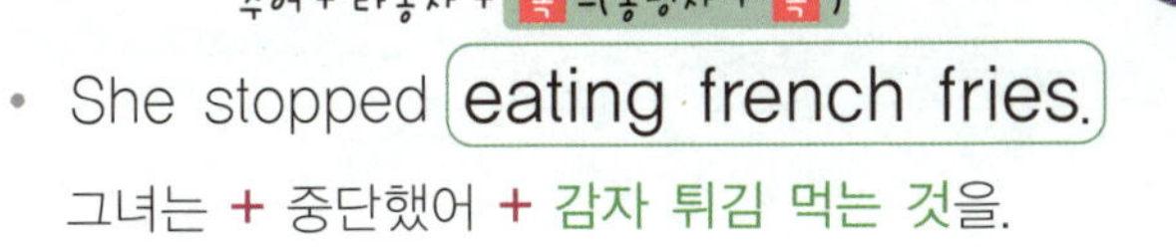

- She stopped eating french fries.

　그녀는 + 중단했어 + 감자 튀김 먹는 것을.

┄┄▶ She doesn't eat french fries any more.

　　　　　　　그녀는 더 이상 감자 튀김을 먹지 않는다.

┄┄ to부정사가 쓰일 때

- She stopped to eat french fries.

　그녀는 + 멈추었어 + 감자 튀김을 먹기 위해.

┄┄▶ She stopped another activity in order to eat french fries.

　　　　그녀는 감자 튀김을 먹기 위해 하던 행동을 멈추었다. **목적**

> ＊의미에 따라 동명사와 to부정사를 잘 구분해 써야 합니다.
>
> ・remember[forget] + 동명사 : ~한 것을 기억하다[잊다]
> 　remember[forget] + to부정사 : ~할 것을 기억하다[잊다]
> ・need + 동명사 : ~받을[~될] 필요가 있다 수동 / need + to부정사 : ~할 필요가 있다 능동
> ・try + 동명사 : 시험삼아 ~해보다 / try + to부정사 : ~하기 위해 노력하다

차근차근 트레이닝

Tape을 듣고 색깔이 있는 부분을 강하게 발음하는 훈련을 하자.

1. to부정사 형태의 명사를 만들어 보자.

1) 우유 사기[사는 것]　　→　to buy milk

2) 병원에 들르기[들르는 것]　→　to go by the hospital

3) 수영하러 안 가는 것　　→　not to go swimming

4) 그 질문에 대답하기　　→　to answer the question

☑ 영어표현의 특징

ⓐ to부정사는 영어 문장에서 다양한 역할을 하는 만큼 그 모양만으로는 뜻을 유추할 수 없고, 반드시 문맥 안에서만 유추가 가능하다. 따라서 어떠한 용법으로 사용되는지를 여러 예문을 통해 파악해 두어야 한다.

2. to부정사가 쓰인 문장을 연습해 보자.

1) 그녀는 그에게 전화할 것을 잊어버렸어.

→ She forgot to call him. 명사[목적어]

2) 나는 여러 가지 언어를 말하기를 원해.

→ I expect to speak several languages. 명사[목적어]

3) 그는 자라서 위대한 피아니스트가 되었어.

→ He grew up to be a great pianist. 부사[결과]

4) 나에겐 내가 원하는 것을 선택할 권리가 있어.

→ I have the right to choose what I want. 형용사

1-A

⊙ 생일 파티 경험을 이야기해 보자.

• 우리는 앤드류를 위한 생일 파티 여는 것을 준비했어요.
We prepared to give a party for Andrew.

• 우리는 그의 생일에 그를 즐겁게 해 주고 싶었어요.
We wanted him to be pleased on his birthday.

• 우리는 그날 그를 놀라게 할 멋진 파티를 열어주었어요.
We gave a party to surprise him on the day.

• 그는 우리의 생일 노래를 듣고 무척 행복해 보였어요.
He looked happy to have listened to our birthday song.

☑ **영어표현의 특징**

ⓑ 영어에는 하나의 동사에 전치사가 붙어 파생된 다양한 구동사가 있고, 하나의 구동사일지라도 여러 가지 뜻을 갖는 경우가 많다.

ex

take   취하다, 잡다, 얻다
take away   치우다
take after   닮다
take off   벗다, 제거하다
take out   꺼내다, 불러내다

Camera
카메라

birthday
생일

Candle
초

Party hat
고깔모자

Cake
케이크

Firecracker
폭죽

Hello. How can I help you?

안녕하세요? 무엇을 도와드릴까요?

I'd like to open a checking account.

당좌예금을 개설하고 싶어요.

Do you have any identification, please?

신분증 있으세요?

Yes, here you go.

네, 여기 있어요.

☑ 알고 싶은 미국 문화

Checking account 당좌 예금 은 돈을 은행에 넣어두고 수표를 발행할 때 발행한 것만큼 돈이 빠져나가는 것, Savings account 저축 예금 은 이자를 불릴 목적으로 저축하는 것이다. 우리나라와 마찬가지로 미국에도 Automated Teller Machine 현금 자동 지급기 가 많기 때문에 계좌 개설이나 대출과 같은 특별한 일이 아니면 은행에 가지 않고 거리에 있는 ATM을 많이 이용한다.

5장 주어와 동사를 갖춘 **명사절**

명사구, 동명사구, to부정사구 뿐 아니라 절 또한 명사 역할을 할 수 있는데, 「명사절 접속사+주어+동사」의 형태를 갖춘 절을 **명사절**이라고 한다. 접속사로 that, whether, if 가 쓰일 때와 what, who, whom이 쓰일 때는 그 기능이 다르므로 의미 차이에 따라 접속사를 잘 선택해야 한다. 접속사가 문장에서 어떤 역할을 하는지에 따라 명사절의 문장 성분이 달라지기 때문이다.

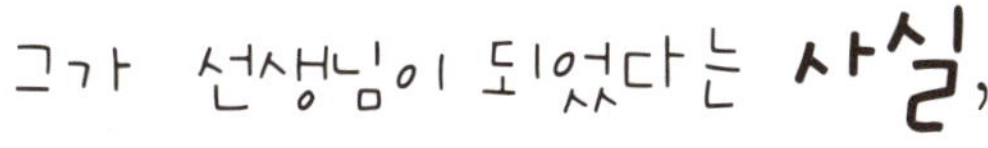

1. 명사를 부러워하여 명사가 된 명사절

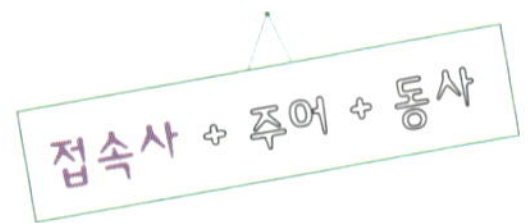

명사절이란 '명사절 접속사 that, whether, if 등+주어+동사'의 형태를 갖춘 하나의 명사로서 주어·목적어·보어 역할을 할 수 있다. 접속사 that, whether, if 이후의 문장은 반드시 주어와 동사를 갖춘 완전한 문장이어야 한다.

이것은 기본!

ⓐ that절이 목적어나 보어 역할을 할 때는 that을 생략할 수 있으나, 주어 역할을 할 때는 주절의 동사가 무엇인지 파악하기 어렵기 때문에 생략할 수 없다.

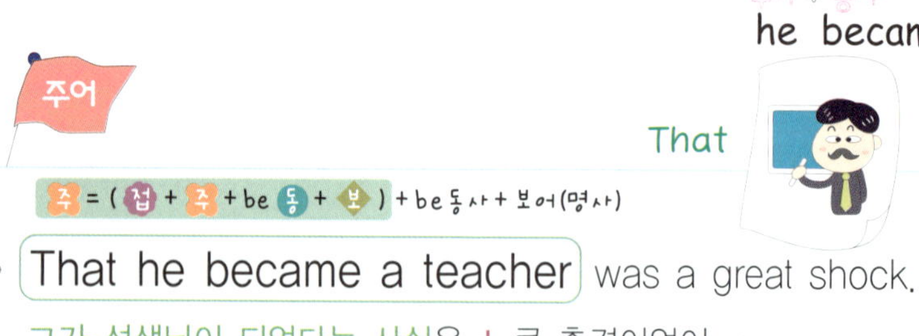

주 = (접 + 주 + be 동 + 보) + be동사 + 보어(명사)

- That he became a teacher was a great shock.

그가 선생님이 되었다는 사실은 + 큰 충격이었어.

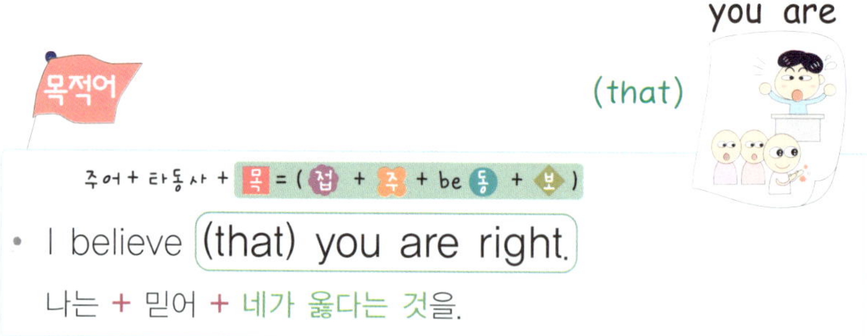

주어 + 타동사 + 목 = (접 + 주 + be 동 + 보)

- I believe (that) you are right.

나는 + 믿어 + 네가 옳다는 것을.

주어 + be동사 + 보 = (접 + 주 + 타 동 + 목)

- The trouble is (that) she doesn't want to study.

문제는 + 그녀가 공부하는 걸 원치 않는다는 거야.

* 접속사 **whether~ [or not]** ~인지 아닌지가 쓰인 명사절은 문장에서 주어와
목적어 역할을 모두 할 수 있지만, 접속사 **if**가 쓰인 절은 조건문 만일 ~하면과
혼동될 수 있으므로 목적어 역할만 할 수 있어요.

· Do you know **if** he is tall or not? 너는 그가 키가 큰지 안 큰지 아니?
· **Whether** he is tall or not is unknown to us. 그가 키가 큰지 안 큰지는 우리도 몰라.

주어 + be동사 + 보어 + 목 = (접 + 주 + 타동 + 목)

· I'm not sure **if/whether he will recover his health (or not).**

나는 + 확신이 없어 + 그가 회복할지 + 그의 건강을.

2. 문장에서 한 가지 중요한 성분을 차지하는 접속사 what

접속사 what이 쓰이는 명사절 또한 하나의 명사절 기능을 하는데,
what 이후의 절은 반드시 불완전한 문장이어야 한다. 즉, **명사절
안에서 what은 주어·목적어·보어 중 하나**를 대신하는 것
이므로 반드시 what 이후의 한 자리가 비어 있어야 한다.

주어 + 타동사 + 목 =(접 + 주 + 동)

• I didn't know **what I did**.

나는 + 몰랐어 + 내가 무슨 짓을 했는지를.

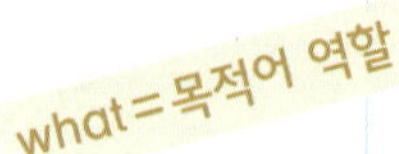

이것은 기본!

ⓑ when 언제, where 어디에서, why ~때문에, how 어떻게는 문장의 필수 성분이 아닌 부사 역할을 하기 때문에 접속사 이후의 문장에서 빠진 부분이 없이 완전해야 한다.

주어 + 타동사 + 목 =(접 + 주 + 동)

• We don't know **when she went abroad**.

우리는 + 몰라 + 그녀가 언제 외국으로 갔는지를.

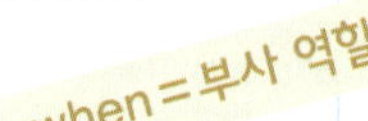

＊ 명사절을 만드는 접속사로 what 이외의 모든 의문사가 올 수 있습니다. 단, what(ever), who(ever), whom(ever)가 오면 문장의 필수 성분인 주어·목적어·보어 중 한 역할을 하게 되어 접속사 이후의 문장에서 그 성분이 꼭 빠져 있어야 합니다.

차근차근 트레이닝

1. 접속사를 써서 명사절을 만들어 보자.

1) 내가 돈이 한푼도 없다는 것

→ that I have no money

2) 네가 이 색깔을 좋아한다는 사실

→ that you like this color

3) 그녀가 좋아하는 사람

→ whom she likes

4) 그가 그녀에게 주고 싶었던 것

→ what he wanted to give her

☑ **영어표현의 특징**

ⓐ 영어는 하나의 절을 명사로 쓸 때에도 '~라는 사실'을 명시하는 접속사 that을 먼저 써준 후, 그에 해당하는 내용이 주어+동사 순으로 온다. 뼈대를 먼저 밝혀주는 언어적 성격 때문이다.

2. 명사절이 쓰인 문장을 연습해 보자.

1) 그가 말한 것은 거짓말이야.

→ What he said is a lie.

2) 나는 문을 잠그는 법을 몰라.

→ I don't know how I can close the door.

3) 그가 얻고자 했던 것은 무엇인지 궁금해.

→ I wonder what he wanted to achieve.

4) 그들이 그날 어디에서 만났는지 아니?

→ Do you know where they met on the day?

⊙ 길을 잃었던 경험을 이야기해 보자.

- 나는 낯선 길을 갈 때 길을 자주 잃곤 한다.
  I often get lost when I go a strange way.

☑ **영어표현의 특징**

ⓑ 영어는 주어 입장에서 주어와 가까운 것을 먼저 쓰고, 먼 것을 나중에 쓴다. 상태나 동작이 나와 가장 가깝고, 날짜는 나의 입장에서 시간보다 멀리 있는 개념이다.

ex

나는 내일 오전 11시에 그를 만날 거야.
I`m going to meet him at 11 a.m. tomorrow.

- 어느 날, 나는 늦은 밤에 길을 잃어 어찌해야 할지를 몰랐다.
  One day, I lost my way late at night and didn't know what I should do.

- 나는 내가 가는 길이 맞는지 아닌지를 확신할 수 없었다.
  I was not sure whether the way I was going was right or not.

- 그날 내가 우연히 너를 만날 수 있었던 것은 행운이었다.
  It was lucky that I happened to meet you on that day.

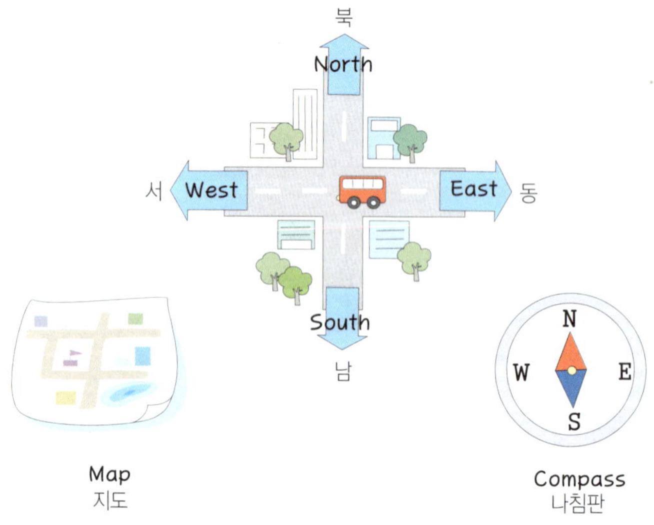

Map
지도

Compass
나침판

다섯 번째

우리 멋진 만남

Hello. May I speak to Julia?

여보세요. 줄리아 있어요?

I'm sorry, she's not in now. May I take a message?

죄송하지만, 지금 없는데요. 메시지를 남기시겠어요?

Please tell her that Ken called.

켄이 전화했다고 전해주세요.

All right. I'll give her the message.

네, 그렇게 전할게요.

☑ **알고 싶은 미국 문화**

새로 전화를 놓을 때는 그 지역 전화국 서비스 센터에 직접 찾아가거나 전화를 걸어 신청한다. At & T, MCI 같은 장거리 전화회사를 선택해야 하며 보증금이 필요하다. 시내전화의 요금을 통화당 지불하는 방식과 정액제로 지불하는 방식 중 한 가지를 선택할 수 있다. 전화요금은 Personal Check 개인수표 를 끊어서 보내거나 자동이체로 지불한다.

조건문
be동사
타동사
자동사
수여동사

내가 만들고 싶은
모든 문장 형태

Part II

여기에서는 회화에 쓰이는 다양한 문장 형태를 동사별로 배운다.

be동사, 자동사, 타동사, 수여동사, 그리고 목적어의 상태를 설명해 주거나 목적어의 동작과 상태에

영향을 주는 동사와 아울러 상상을 담아 말하는 조건문에 대해서도 배워보자!

1장 보어(형·명)가 꼭 필요한 be동사

문장의 주체인 주어를 서술해 주는 동사에는 주어의 동작을 나타내는 일반동사와 상태를 나타내는 be동사가 있다. be동사는 동사만으로는 의미가 불완전하기 때문에 그것을 보완 설명해 주는 말이 필요한데, 이를 보어라고 한다. 보어로는 명사나 형용사가 쓰이는데, 명사가 오면 '주어는 ~이다[아니다], ~이 되다' 의 뜻이 되고, 형용사가 오면 '주어가 어떠하다' 의 뜻이 된다.

1. 명사나 형용사가 있어야 완전해지는 be동사

주어의 상태를 나타내는 동사를 be동사라고 한다. be동사 다음에는 보어로 명사나 형용사가 와서 상태를 설명해 주어야 완전한 문장이 된다.

이것은 기본!

ⓐ 자동사에는 보어가 필요한 자동사와 보어 없이도 완전한 자동사가 있다.
become, get, grow 등은 be동사처럼 보어가 필요한 자동사로 쓰인다. 그러나 자동사인 동시에 목적어가 필요한 타동사로 쓰이는 경우도 많다.

ex

He became a doctor.
그는 의사가 됐어. 자동사

The dress becomes you well.
그 옷은 너에게 잘 어울려. 타동사

2. 차이를 말해주는 원급·비교급·최상급

두 가지 이상의 대상에 대해 비교할 때 원급·비교급·최상급을 쓴다. 원급 비교는 'as+(형·부)+as+대상'의 형태로 쓰고, 비교급은 '(형·부)+~er+than+대상', 최상급은 'the+(형·부)+~(e)st'의 형태로 쓴다. 단, 형용사·부사의 원급이 3음절 이상일 때는 'more+(형·부)+than+대상', 'the most+(형·부)'의 형태가 된다. 비교급 표현으로도 최상급의 의미를 표현할 수 있다.

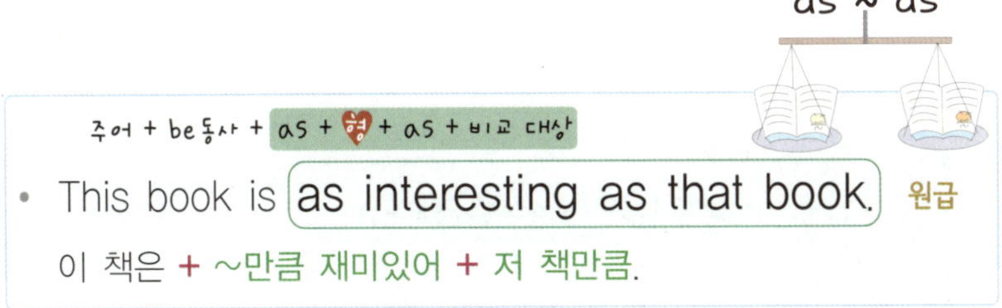

- This book is as interesting as that book. 원급

  이 책은 + ~만큼 재미있어 + 저 책만큼.

····▶ The two books are both interesting.   두 권의 책 모두 재미있어.

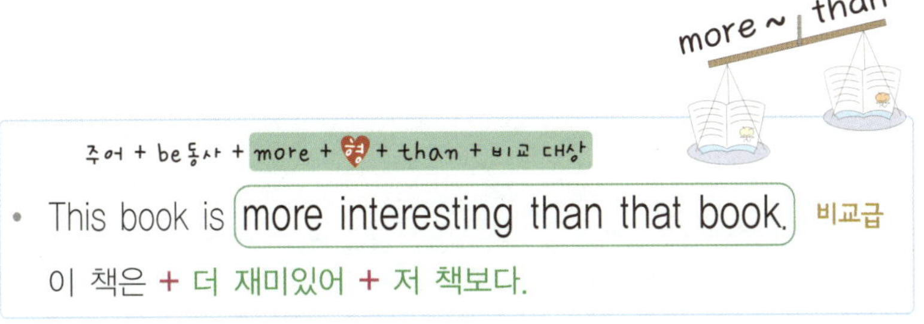

- This book is more interesting than that book. 비교급

  이 책은 + 더 재미있어 + 저 책보다.

····▶ That book is less interesting than this book.

저 책은 이 책보다 덜 재미있어.

> * 특수한 용법의 비교로 get[grow, become]+비교급+and+비교급 점점 더 ~하다 과 the+비교급, the +비교급 ~할수록 ~하다 이 있어요.
> - It's getting colder and colder.   날씨가 점점 추워지고 있어.
> - The cheaper, the better.   쌀수록 더 좋아.

주어 + be동사 + 최상급=(the most + 형 + 명) + 부사구

- This book is **the most interesting** book in the world.

  이 책이 + 가장 재미있어 + 세상에서.

···▶ This book is more interesting than any other books in the world.

이 책은 세상에 있는 어떤 다른 책들보다 더 재미있어.

이것은 기본!

ⓒ 최상급 앞에 소유격이 올 때는 the를 붙이지 않는다.

ex

She is my best friend.
그녀는 나의 가장 좋은 친구야.

주어 + be동사 + 최상급=(the + 원급 + est) + 부사구

- The building is **the tallest** in this city.

  그 건물이 + 제일 커 + 이 도시에서.

···▶ The building is taller than any other buildings in this city.

그 건물이 이 도시의 다른 어떤 빌딩들보다 더 커.

* 비교급을 강조하려면 much, still, even 더욱 더등을 붙이고, 비교 대상을 암묵적으로 알고 있을 때 비교급 뒤의 than~ 을 생략할 수도 있어요.

- That is much[still, even] cheaper than this. 그게 이것보다 훨씬 저렴해.
- I feel better. 기분이 훨씬 좋아.
- Drive a little slower. 좀더 천천히 운전해.

3. 부정어 not으로 쉽게 부정하는 부정문

부정문을 만들려면 부정어 not을 이용하는데, 동사가 be동사일 경우, 'be동사 [am, are, is, was, were]+not'과 같이 부정하고 일반동사일 경우, '조동사 do [do, does, did]+not+동사원형'과 같이 부정한다.

단수		현재	과거	복수		현재	과거
1인칭	I	am	was	we		are	were
2인칭	you	are	were	you		are	were
3인칭	he/she/it	is	was	they		are	were

이것은 기본!

ⓓ 동사 do는 일반동사를 부정할 때 조동사 역할을 하고, 일반동사 앞에 쓰여 동사를 강조할 수 있으며, 앞서 나온 일반동사를 대신하는 대동사 역할을 할 수 있다. 1·2인칭 단복수 현재형은 do이고, 3인칭 단수 현재형은 does이며, 과거형은 인칭과 단·복수에 상관없이 모두 did이다.

ex

He does want to buy it.
그는 그것을 정말 사고 싶어 해.
　　　　　　　　강조

Does he live there?
→ Yes, he does.
그가 거기에 살아?
- 응, 그래.　　　　대동사

1-A Tape을 듣고 색깔이 있는 부분을 강하게 발음하는 훈련을 하자.

1. 보어가 필요한 문장을 완성해 보자.

  1) 하늘이 맑지 않아.   → The sky isn't clear.

  2) 그 사람 근사했어.   → The man was gorgeous.

  3) 우유가 상했어.   → The milk went sour.

  4) 그녀는 변호사가 아니야. → She isn't a lawyer.

☑ 영어표현의 특징

ⓐ 우리말이 동사 중심으로 주어를 설명하는 것에 비해 영어는 명사 중심으로 주어를 설명한다.

ex

그는 수영을 잘해.
He is a good swimmer.

그녀는 주말에 바빴어.
She had a busy weekend.

2. 비교급과 최상급이 있는 문장을 연습해 보자.

  1) 내일은 오늘보다 더욱 나아질 거야.

  → Tomorrow will be much better than today.

  2) 그는 우리 사무실에서 가장 어려.

  → He is the youngest in my office.

3. 부정어 not이 쓰이는 부정문을 연습해 보자.

  1) 그들은 솔직하지 않았어.

  → They weren't frank.

  2) 나는 아직 양치질을 하지 않았어.

  → I haven't brushed my teeth yet.

1-A

⊙ 가치관을 표현하는 문장을 만들어 보자.

- 사랑은 부보다 귀중합니다.
  Love is more precious than wealth.

- 부유한 사람들이 언제나 행복한 것은 아니죠.
  The rich are not always happy.

- 저는 세상에서 최고로 행복한 사람이에요.
  I'm the happiest person in the world.

- 제 곁엔 소중한 가족이 있으니까요.
  I have my dear family by my side.

☑ 영어표현의 특징

ⓑ 우리말에서 '어떤', '얼마'에 해당하는 의문대명사가 영어에서는 what이 되는 경우가 많다.

ex

날씨가 어때?
What's the weather like?

요금이 얼마야?
What's the rate?

Family
가족

Honor
명예

Wealth
부

Faith
신앙

Work
일

What is the purpose of your visit?

입국 목적은 무엇입니까?

I'm here on vacation.

휴가 여행차 왔습니다.

Where are you going to stay?

어디에서 머무실 예정입니까?

I'm going to stay at my friend's place in New Jersey.

뉴저지에 있는 친구의 집에 머물 예정입니다.

☑ 알고 싶은 미국 문화

외국에 입국하면 검역관, 입국 심사관, 세관원의 체크를 받는다. 입국신고서 arrival record와 세관신고서 customs declaration은 비행기 안에서 나누어줄 때 작성한다. 입국 심사관에게는 여권과 비자, 입국카드를 건네준 후 입국 목적, 체류 목적 등에 대한 질문을 받게 된다.

2장 혼자 있어도 신나는 **자동사**

모든 문장은 문장의 주체인 주어와 주체를 서술해 주는 동사를 갖는다. 동사는 사물의 동작이나 상태를 나타내 주는 기능을 한다. 동사가 자동사로 쓰이면 주어와 동사만으로 문장이 완성된다. 동사는 시제에 따라, 의미에 따라 다양한 모습을 갖추어 변화하므로 동사에 따라 달라지는 각 문장 형태를 잘 기억하여 회화에 응용하도록 하자.

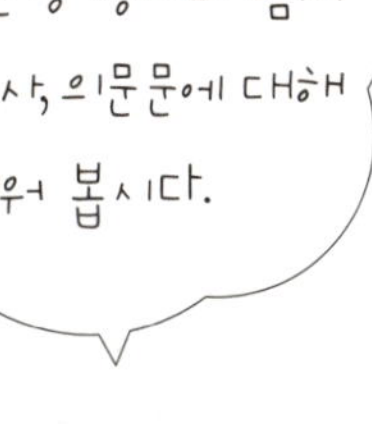

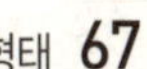

1. 문장의 핵심 축인 주어와 동사

문장을 이루는 기본 요소는 주어와 동사이다. 명사를 수식하는 형용사나 동사를 수식하는 부사를 수반할 수는 있지만, 주어와 동사만으로도 완전한 문장이 될 수 있다. 이 문장 형태에 쓰이는 **목적어가 필요 없는 동사**를 자동사라고 한다.

이것은 기본!

ⓐ 한 단어가 여러 가지 품사를 가질 수도 있다.

ex
fast – 빨리 부사
　　　 빠른 형용사

주어 + 자동 + 부사

- Time **flies** fast.
  시간이 **+** 흘러 **+** 빨리.

주어 + 조동 + 자동 + 부사

- I **can go**, too.
  나도 **+** 갈 수 있어.

2. 동사의 의미를 자유자재로 바꿔주는 착한 조동사

동사 앞에서 동사를 도와주는 동사를 조동사라고 하며,
'will[would], can[could], may[might], shall[should]'
등이 있다. 동사는 혼자서도 쓰일 수 있지만, 조동사의 도움을 받아
더욱 다양한 의미를 만들어 낼 수 있다. 조동사 다음에 오는 일
반동사는 주어의 인칭이나 수에 상관없이 반드시 원형
으로 쓴다.

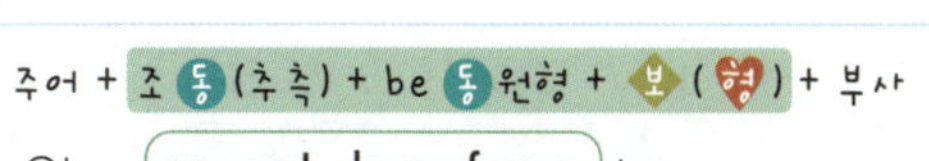

- She **must be free** tomorrow.

  그녀는 + 분명히 한가할 거야 + 내일.

ⓑ 조동사를 부정하려면 조동사 다음에 not을 붙이는데, be동사나 일반동사가 조합된 조동사 표현은 다음과 같이 부정한다.

ex

am[are, is, was, were] not able to

ought not to

don't[doesn't, didn't] have to

* 조동사는 다음의 의미를 나타낼 수 있어요.

- 능력 ~할 수 있다   can 순간적·일반적   be able to 일반적
- 충고 ~하는 게 좋다   had better 강한 충고   should/ought to 완곡한 충고
- 허락 ~해도 좋다   may/can 일반적   might/could 정중한 허락을 요할 때
- 필요 ~해야 한다   must 강제성   have to 의무   need 필요
- 추측 ~일 것이다   must/can[can't] 단정적
  may/might/could/should/will/would 일반적

3. 동사·형용사·부사, 또는 문장 전체를 꾸며주는 센스 있는 부사

동사·형용사·부사 또는 문장 전체를 꾸며주는 단어를 부사라고 한다. 부사는 문장의 필수 성분은 아니지만, 문장의 의미를 분명하게 나타내 줄 뿐 아니라 시간, 장소, 방법 등을 알려준다.

이것은 기본!

ⓒ 부사(구)는 주로 뒤에 오지만, 앞에 올 수도 있다.

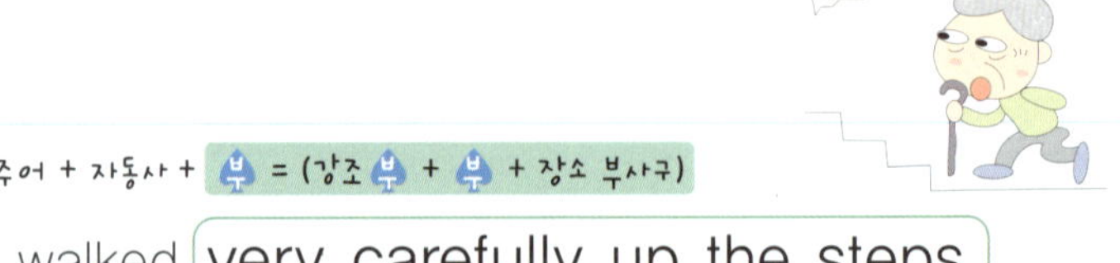

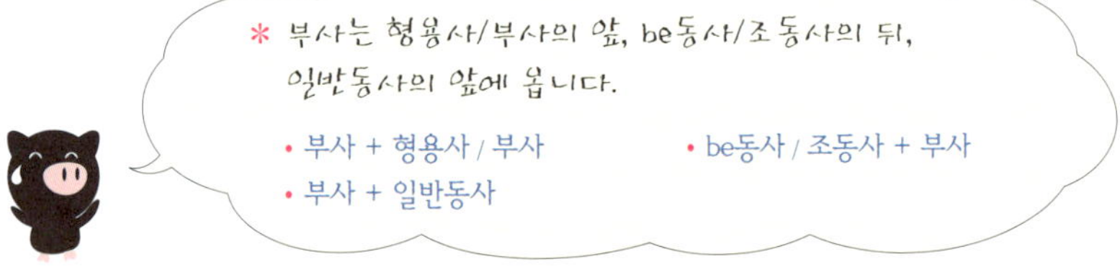

4. 무엇이든 물어보는 의문문

의문문을 만들려면 주어와 동사의 순서를 바꾸는데, be동사일 때는 'be동사+주어' 의 순서가 되고, 일반동사일 때는 '조동사 do[does, did]+주어+동사원형' 의 순서가 된다. 의문사가 쓰이는 의문문에서는 '의문사+동사+주어' 의 순서로 쓴다. 질문에 대답할 땐 의문문의 동사에 맞춰 일반동사로 물었으면 일반동사로, be동사로 물었으면 be동사로 대답한다.

주어 + be동사 + 보어(형용사)　　　be 동 + 주 + 보

• He is [isn't] sick. ⇒ **Is [Isn't] he sick?**

그는 + 아파[아프지 않아].　　그는 + 아파[아프지 않아]?

ⓓ 조동사가 쓰이는 의문문에서도 일반동사 의문문과 같이 조동사가 맨 앞에 나온 후 주어, 동사의 순서로 쓴다.

ex

Must I go now?
제가 지금 꼭 가야 하나요?

주어 + 동사 + 장소 부사구　　조 동 do + 주 + 동 원형 + 장소 부사구

• She got[didn't get] on the train. ⇒
　　Did [Didn't] she get on the train?

그녀는 + 탔어[타지 않았어] + 기차에.

　　　그녀는 + 탔니[타지 않았니] + 기차에?

주어 + 동사 + 전치사 + 장소　　의문사 + 조 동 do + 주 + 동 원형

• You live in seoul. ⇒ **Where do you live?**

너는 + 살아 서울에서　　어디에서 + 너는 사니?

※ 진술하는 내용이 부정이면 긍정으로, 긍정이면 부정으로 질문을 꼬리처럼 만들어 문장 끝에 붙인 것을 부가의문문이라고 하는데, 단지 동의를 얻기 위한 의문문과 실제로 몰라서 묻는 의문문, 두 가지가 있어요.

• It's a nice day, isn't it? 동의를 얻기 위한 의문문일 때 끝을 내려 말함
• You work for that company, don't you? 몰라서 묻는 의문문일 때 끝을 올려 말함

1. 부사를 써서 자동사를 꾸며 보자.

1) 그는 매일 열심히 일해.

→ He works hard everyday.

2) 나는 큰 소리로 말했어.

→ I said it loud.

3) 그들은 일찍 일어나.

→ They get up early.

4) 그녀는 자주 밤늦게까지 깨어 있어.

→ She often stays up late.

☑ 영어표현의 특징

ⓐ 영어는 단어의 본래 뜻을 살려 쉽게 기술하는 것이 특징이다.

ex

그는 뜨거운 햇빛을 받으며 걸었어.
He walked in the hot sun.

뜨거운 햇빛 속에서 걸었다는 뜻!

2. 조동사가 쓰인 문장을 연습해 보자.

1) 그는 춤을 잘 춰.

→ He is able to dance well.

2) 너는 이 책을 사는 게 좋을 거야.

→ You should buy this book.

3) 당신 차를 빌려도 될까요?

→ May[Can] I borrow your car?

4) 그게 사실일까?

→ Can it be true?

1-A

◉ 좋아하는 계절에 대해 말해 보자.

• 바야흐로 내가 좋아하는 계절, 봄이 왔다.
My favorite season, spring is here.

• 도처에 꽃들이 많이 핀다.
Many kinds of flowers bloom everywhere.

• 나는 꽃 사진을 많이 찍을 수 있을 것이다.
I might take a lot of pictures of the flowers.

• 그리고 그 사진들을 친구들에게 줄 수 있을 것이다.
And I'll be able to give the pictures to my friends.

☑ 영어표현의 특징

ⓑ 우리말의 구어체에서 불필요한 어휘를 생략하는 것처럼 영어에서도 친근한 사이일 때나 생략해도 무관할 때 종종 불필요한 어휘를 생략한다.

ex
(I'm) Coming home.
(나) 집에 가고 있어.

Spring
봄

Summer
여름

season
계절

Fall
가을

Winter
겨울

How about going to see a movie tonight?

오늘밤에 영화 보러 갈래?

What's playing?

무슨 영화 하는데?

Green movie theater is showing 'Kingdom of Heaven'.

그린 극장에서 '킹덤 오브 헤븐'을 상영하고 있어.

Great. When does it start?

좋아. 몇 시에 시작해?

At eight o'clock. Let's go.

8시에 해. 어서 가자.

☑ **알고 싶은 미국 문화**

미국은 매주 금요일에 영화를 개봉하며 한 편의 영화를 보통 2~3주, 길게는 몇 달간 상영하는 곳도 있다. 요금은 도시에 따라 다르며 낮시간 matinee를 이용해서 영화를 보면 영화비를 절약할 수 있다. 영화마다 다섯 개의 등급 rating system이 매겨져 있는데, G는 연소자 관람가, PG는 어른이 동반할 때 아이들도 볼 수 있는 영화, PG-13은 13세 미만이 어른과 동반해야 볼 수 있는 영화, R은 법적 성인만 볼 수 있는 영화, NC-17은 17세 미만이 볼 수 없는 영화이다.

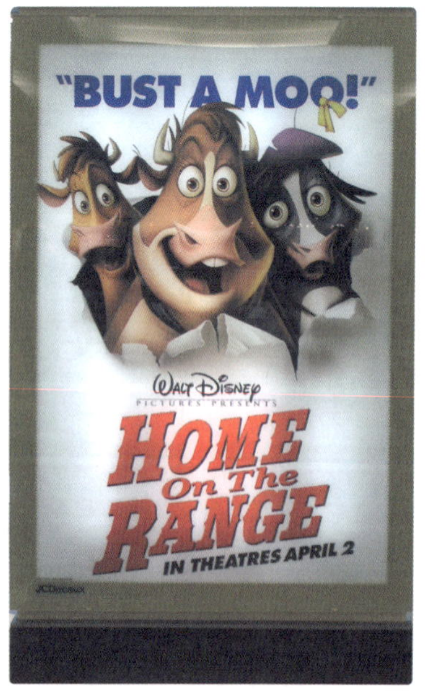

3장 목적어가 있어야 말 되는 **타동사**

주어의 동작을 나타내는 일반동사에는 자동사와 타동사가 있다. 동사가 자동사로 쓰일 때는 목적어 없이 주어와 동사만으로 완전한 문장이 되지만, 타동사로 쓰일 때는 반드시 목적어가 있어야 완전한 문장이 된다. 그러나 자동사와 타동사로 모두 쓰이는 동사도 있고 동사인 동시에 명사인 단어도 있으므로 단어의 전체 의미를 알아두어야 한다.

1. 목적어 없이 홀로 설 수 없는 타동사

목적어가 필요한 동사를 **타동사**라고 한다. 주어, 타동사, 목적어는 이 문장 형태의 필수 성분으로 하나라도 빠지면 문장이 성립되지 않는다.

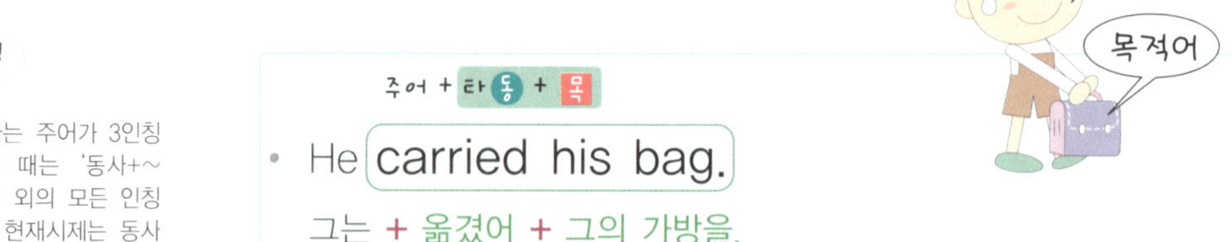

이것은 기본!

ⓐ 일반동사는 주어가 3인칭 단수 현재일 때는 '동사+~(e)s'이고 그 외의 모든 인칭의 단·복수 현재시제는 동사원형이며, 모든 인칭의 과거시제는 '동사원형+~(e)d'이다. 단, 동사 have의 1, 2인칭 단·복수 현재는 동사원형이지만, 3인칭 단수 현재형은 has이고 모든 인칭의 과거 시제는 had이다.

동사원형	3인칭 단수 현재	과거형
work 일하다	works	worked
wash 씻다	washes	washed
have 갖다, 먹다	has	had

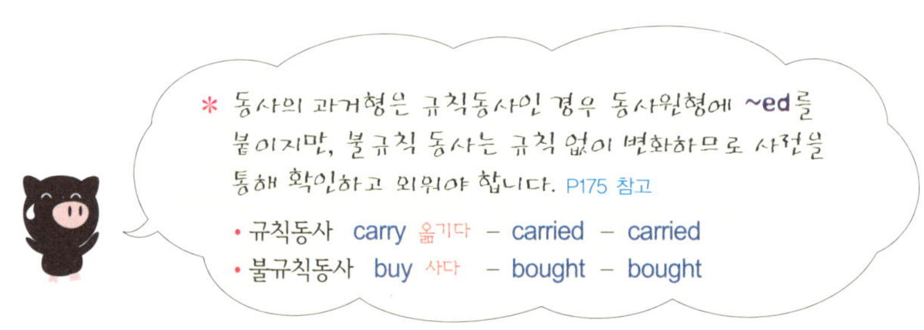

2. 사물도 주어가 될 수 있는 수동태

영어에서는 사물이 주어가 되는 문장이 많다. 무엇에 의해 행동을 당하는 것을 **수동태**라고 하고 '~하게 되다, ~당하다' 라는 의미로 쓰이며, 동사의 형태는 'be+과거분사' 이다. 능동태는 '~(이)가 ~을(를) 하다' 라는 의미의 문장으로 행위의 주체를 중시하지만, 수동태는 목적어 '~을(를)' 에 해당하는 행위의 대상을 중시한다.

주어 + 동 =(be 동 + 과거분사) + by + 목적격

- His bag **was carried** by him.

  그의 가방은 + 옮겨졌어 + 그에 의해.

3. 같이 하자고 권하는 권유문

상대에게 무언가를 같이 하자고 청할 때 'Shall we+동사원형?' 이나 'Let us+동사원형, shall we?' 의 형태로 공손하게 물을 수 있다.

let + us + 동사원형 + 부 , shall we?

- **Let's dance together, shall we?**

  우리 춤춰요 + 함께, + 그럴까요?

* 조동사 **shall**은 주어의 미래 의지와 미래 시제를 나타내는 표현에도 쓸 수 있어요.
  - I shall go there. 나는 꼭 거기에 갈 거야.
  - What shall I do? 내가 어떻게 해야 하죠?

1-A Tape을 듣고 색깔이 있는 부분을 강하게 발음하는 훈련을 하자.

1. 목적어를 넣어 문장을 완성해 보자.

  1) 나는 이 색깔을 너무 좋아해.

  → I love this color.

  2) 그는 매일 맥주 한잔을 마셔.

  → He drinks a beer everyday.

  3) 그녀는 종종 아침을 걸러.

  → She usually skips breakfast.

  4) 그는 자매가 셋이나 있어.

  → He has three sisters.

☑ 영어표현의 특징

ⓐ 우리말에서 잘 쓰이지 않는 수동태 표현이 영어에 자주 쓰이는 이유는 영어에서 행위의 대상인 목적어를 문장의 맨 앞에 두어 말할 수 있는 방법이 수동태 표현이기 때문이다.

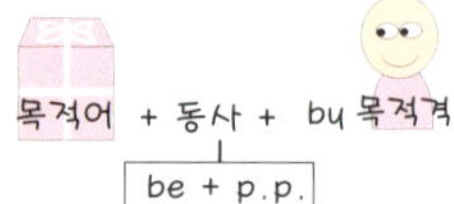

2. 사물이 주어로 쓰인 문장을 연습해 보자.

  1) 이 대학교는 1900년대에 지어졌어.

  → This university was built in the 1900s.

  2) 이 일은 네가 완성했잖아.

  → This work was finished by you.

3. 권유하는 문장을 연습해 보자.

  1) 같이 자전거 탈래요?

  → Shall we ride a bicycle?

  2) 우리 벚꽃 구경 가자.

  → Let's go see cherry blossoms, shall we?

본격 트레이닝

◉ 아팠던 경험을 이야기해 보자.

• 전 며칠 전에 독감에 걸렸어요.
  I had a severe cold a few days ago.

• 열이 났고 콧물이 흘렀어요.
  I ran a fever and had a runny nose.

• 감기는 쉽게 낫지 않았어요.
  My cold wasn't cured easily.

• 감기를 낫게하려고 며칠 동안 휴식을 취해야 했어요.
  To cure a cold I had to rest for a few days.

☑ **영어표현의 특징**

ⓑ 영어는 소유를 중시하기 때문에 동사 have를 이용한 표현이 많으며, 주고, 받고, 취한다는 뜻의 동사 give, get, take를 자주 쓴다.

ex

콧물이 흐르다
have a runny nose

생일 파티를 열다
give a party

이발하다
get a haircut

잠시 쉬다
take a break

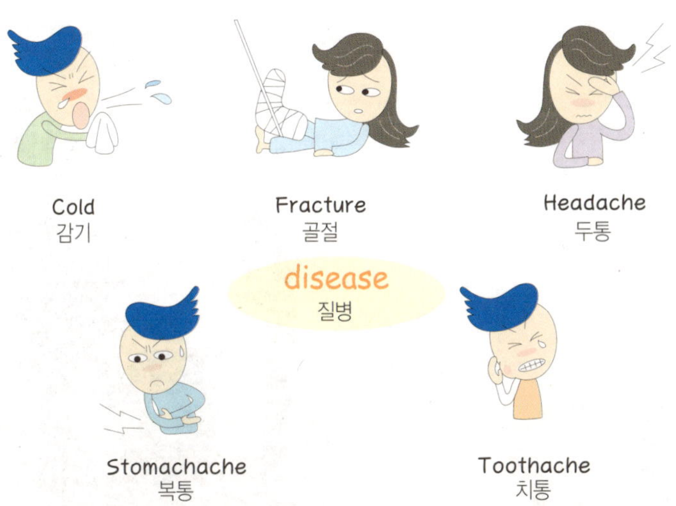

Cold
감기

Fracture
골절

Headache
두통

disease
질병

Stomachache
복통

Toothache
치통

우리 멋진 만남 여덟 번째

How would you like your hair done today?

오늘 머리 어떻게 해 드릴까요?

Can you just touch it up a bit? Not too short.

머리를 조금만 손질해 주시겠어요? 너무 짧지 않게요.

Okay. Do you still want it long on top?

네. 머리 윗부분도 길게 해 드릴까요?

Yes. Leave it this long.

네. 이 정도 길이로 해주세요.

All right.

알겠습니다.

☑ **알고 싶은 미국 문화**

미국의 미용실에서 머리 손질을 받을 땐 미리 원하는 머리 모양을 말하고, 필요하다면 미용실에 비치되어 있는 잡지를 보여준다. 머리 손질을 받는 도중 원하는 모양이 아닐 경우 중단시키고 본인의 생각을 말한다. 머리를 다 했으면 보통 팁을 주는데 보통 1~3달러 정도이다.

목적어가 두 개 있어야 되는 수여동사

타동사 중에는 '누구에게 무엇을 해주다' 라는 형식의 수여동사가 있다. 이때 '무엇'에 해당하는 사물목적어와 '누구'에 해당하는 사람목적어가 필요하다. 사물목적어는 수여하는 진짜 목적어이므로 직접목적어라고 하고, 사람목적어는 수여 대상이므로 간접목적어라고 한다. 완전한 의미 전달을 위해서는 두 가지 목적어가 모두 와야 하지만, 둘 중 하나가 생략될 수도 있다.

나는 그에게 연필 한 자루를 주었어,

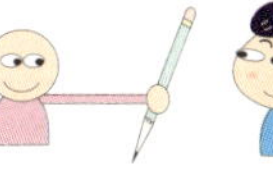

너무 예쁜 반지야,

이 게임은 너무 재미있어...

1. 목적어를 두 개나 갖는 욕심 많은 수여동사

수여동사란 '~에게 ~을 주다' 의 형태로 목적어를 두 개 갖는 동사를 말한다. '주어+수여동사+사람목적어+사물목적어'의 형식으로 쓰이며, 사물목적어가 먼저 올 때는 사람목적어 앞에 전치사 to나 for, of를 쓴다.

····▶ I gave a pencil to him.

····▶ He lent me his car.

2. 놀라운 것을 발견할 때 감탄문

감탄문에는 'what+a[an]+형용사+명사+(주어+동사)!' 형태의 감탄문과 'how+형용사/부사+(주어+동사)!' 형태의 감탄문이 있다. 강한 감정이나 느낌을 나타낼 때 감탄문을 쓴다.

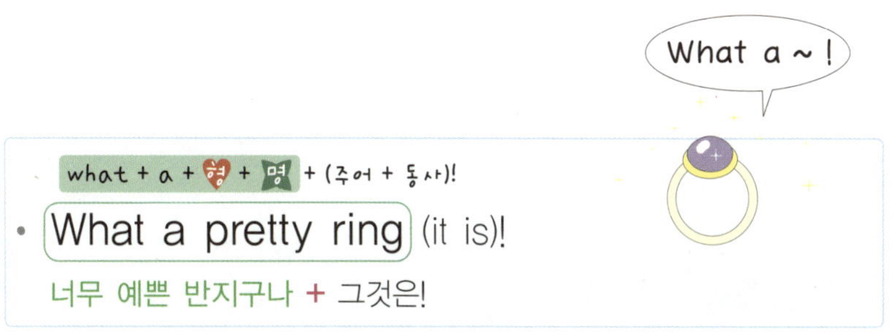

ⓐ what 다음에 단수명사이면 관사 a, an을 써 주고, 복수명사이면 복수형으로 써 준다.

ex
What cute dogs these are!
정말 귀여운 강아지들이구나!

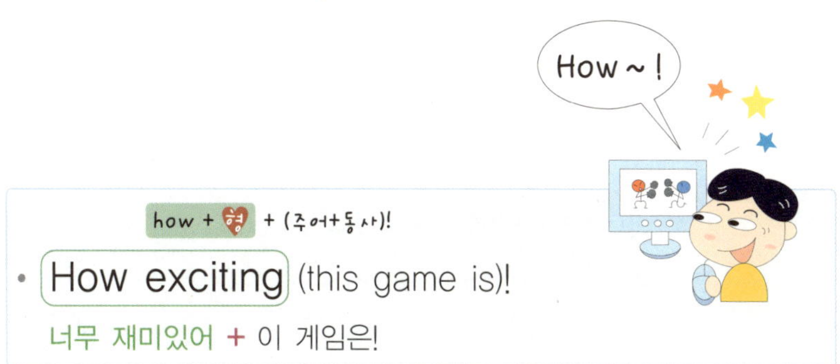

1. 사람목적어와 사물목적어를 써서 문장을 만들어 보자.

1) 그녀는 딸에게 책상을 사 주었어.

→ She bought a desk for her daughter.

2) 나는 그에게 그 얘기를 해주었지.

→ I told the story to him.

3) 그들은 나에게 많은 것을 요구했어.

→ They demanded a lot of things of me.

☑ 영어표현의 특징

ⓐ 영어도 회화체와 문어체가 서로 다르며, 표현에 따라 공손함의 정도가 다르다.

ex

Do me a favor.
부탁 좀 들어줘.　친근한 사이

Can you do me a favor?
부탁을 들어주겠니?　일반적

Could[Would] you do me a favor?
부탁을 들어주시겠어요? 정중함

Could[Would] you please do me a favor?
부디 부탁을 들어주시겠어요?
더 정중함

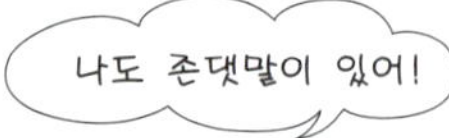

2. 감탄문을 연습해 보자.

1) 이 컴퓨터 정말 멋진 컴퓨터야!

→ How nice this computer is!

2) (이 요리) 너무 맛있어!

→ What delicious food (this is)!

3) 그는 어찌나 무례했는지 몰라!

→ How rude he was!

본격 트레이닝

◉ 나의 학창 시절에 대해 이야기해 보자.

• 나는 나의 담임 선생님께 편지를 보내곤 했다.
I used to send letters to the teacher in charge.

• 그녀도 가끔 나에게 답장을 해 주셨다.
She also wrote back to me sometimes.

• 그녀는 편지에서 나에게 많은 조언을 주셨다.
She gave me a lot of advice in her letters.

• 그녀가 베푼 은혜에 보답하고 싶다.
I'd like to repay her for her kindness.

Principal
교장

Classmate
급우

Examination
시험

school life
학교 생활

Circle activities
서클 활동

Playground
운동장

I'd like to confirm my reservation.

예약을 확인하고 싶은데요.

Tell me your name and flight number, please?

성함과 항공편 번호를 말씀해 주시겠어요?

I'm Brian Adams. And the flight number is 723.

브라이언 아담스입니다. 비행기 번호는 723이에요.

You are leaving for New York on Friday at 6 p.m., right?

금요일 오후 여섯 시 뉴욕행 비행기 맞습니까?

Yes, that's correct.

네, 맞습니다.

One moment, please. Okay, your reservation is confirmed.

잠깐만 기다리세요. 네, 예약이 확인되었습니다.

☑ 알고 싶은 미국 문화

항공편의 예약과 재확인은 보통 여행사에서 대신 해 주는 경우가 많지만 만일의 경우에 대비해서 본인이 직접 할 줄도 알아야 한다. 자신의 이름을 말해줄 때에는 특히 성 last name을 정확히 말해서 혼동이 없도록 한다. 출발 하루나 이틀 전에는 반드시 예약 확인 confirmation을 해주는 게 좋다.

5장 목적어에게 목적보어로 의미를 만들어 주거나 목적어의 상태를 설명해 주는
감각·지각동사

'~을 ~라고 부르다/생각하다'라는 뜻의 감각 동사와 '~가 ~하고 있는 것을 보다'라는 뜻의 지각 동사는 목적어와 목적어의 상태를 설명해 주는 목적보어를 필요로 한다. 목적보어 없이 목적어만으로는 뜻을 전달할 수 없기 때문이다. 이때 목적어와 목적보어의 관계는 주어와 동사의 관계로 이해할 수 있다. 목적보어로는 형식과 의미에 따라 명사, 형용사, 현재·과거분사, to 부정사, 원형부정사가 올 수 있다.

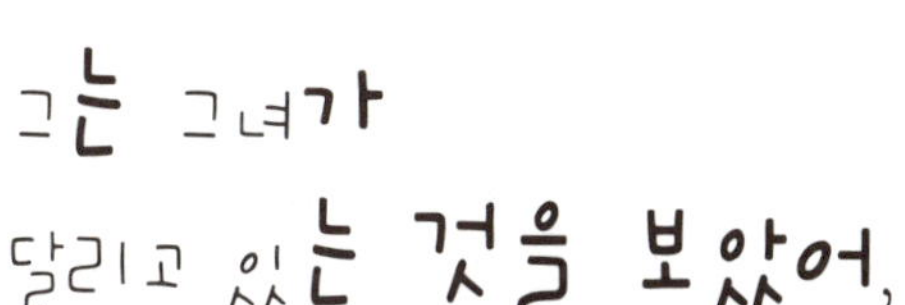

1. 목적어에게 의미를 불어넣어 꽃이 되게 하는 감각동사

'think of A as B, consider A as B, find, believe / refer to A as B, speak of A as B, call, name' 과 같이 '~을 ~라고 생각하다/부르다' 의 의미를 표현할 때 목적어를 꾸며주는 목적보어가 필요하다. 목적보어에는 '~라고'에 해당하는 명사, 형용사, 현재·과거분사, to부정사, 원형부정사 등이 올 수 있다.

이것은 기본!

ⓐ 지각 동사에 어떤 보어가 쓰이느냐에 따라 의미 차이가 있다.

ex

I noticed him watching TV.
나는 그가 TV를 시청하고 있는 것을 알았어.

I noticed him watch TV.
나는 그가 TV를 (이미) 시청한 것을 알았어.

⋯▶ I thought that he was a humorous man.

2. 목적어의 상태나 동작을 설명해 주는 지각동사

'see, watch, hear, notice, feel…' 등 '~가 ~을 하고 있는 것을 보다/듣다/깨닫다/느끼다' 의 의미를 표현하는 문장도 마찬가지로 목적어와 목적보어가 필요하다. 그러나 지각 동사의 목적보어로 올 수 있는 것은 동사원형이나 현재분사(~ing) 뿐이다.

⋯▶ He saw her. She was running.

3. 무엇을 해달라고 명령하거나 부탁하는 명령문

무언가 명령을 하려면 주어 없이 원하는 말을 동사원형으로 시작해
서 쓰면 된다. 즉, 동사가 일반동사일 때는 **'일반동사원형'**을,
동사가 be동사일 때는 **'be동사원형'**을 쓴다. 명령문의 앞이나
뒤에 please를 붙여 공손히 부탁하는 문장으로 쓸 수 있다.

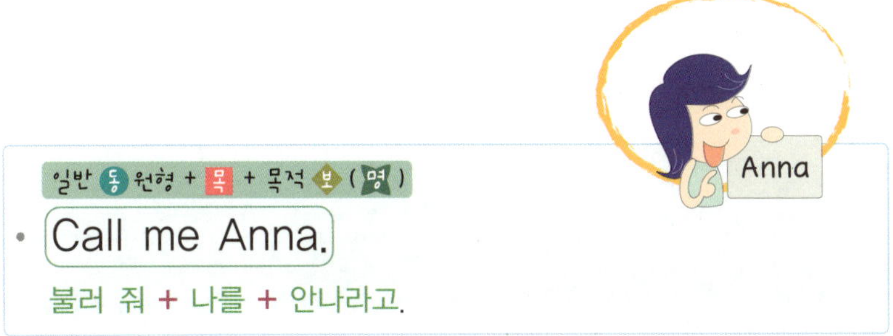

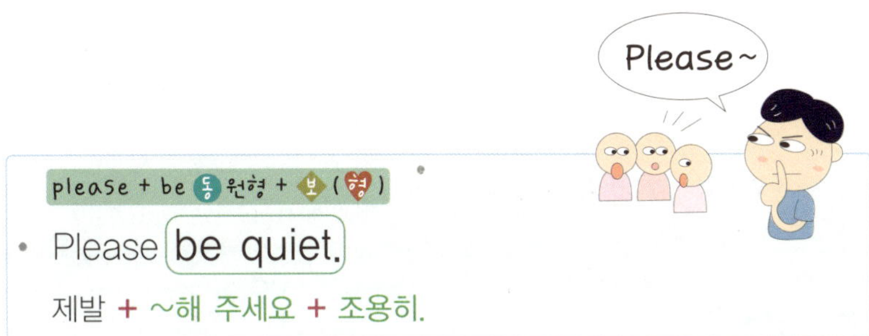

이것은 기본!

ⓑ 명령하는 문장에서 주어 you는 생략되었다고 볼 수 있다. 주어가 생략되는 문장은 명령문 외에 감탄문 How lovely!, 관용적인 감사 문구 Thank you. 등이다.

1. 목적보어를 써서 문장을 만들어 보자.

　1) 나는 그가 멋있다고 생각했어.

　→ I found him smart.

　2) 너는 그것을 사랑이라고 부르니?

　→ Do you call it love?

　3) 그 사람이 노래 부르고 있는 것을 들었어.

　→ I heard him singing.

☑ 영어표현의 특징

ⓐ 영어는 만든다는 개념을 중시한다. 따라서 동사 표현에도 make+명사를 쓰는 경우가 많고, 문장의 주체가 누구(혹은 무엇)를 시켜 어떠한 행동을 하게 할 때에도 동사 make를 사용한다.

ex

실수하다
make a mistake

결심하다
make one's mind

주어가 A를 어떠하게[어떤 행동을 하게] 하다
주어 make A+목적보어
(형용사나 동사원형)

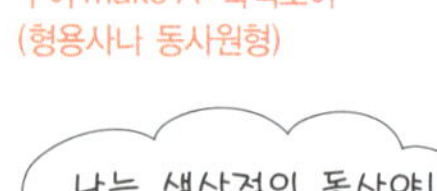

2. 명령문을 연습해 보자.

　1) 그 계획을 긍정적으로 말해 주세요.

　→ Speak of the plan positively, please.

　2) 저를 그냥 Dick이라고 불러주세요.

　→ Just call me Dick, please.

　3) 항상 행복하세요.

　→ Be happy all the time.

◉ 자신의 애완동물에 대해 말해 보자.

• 어느 날 어머니가 강아지 한 마리를 데리고 오셨다.
One day my mother brought a puppy to my house.

• 그 강아지는 작고 귀여웠다.
The puppy was small and cute.

• 우리는 강아지를 샘이라고 불렀다.
We called it Sam.

• 우리는 샘이 꼬리치는 것을 보았다.
We saw Sam shaking its tail.

☑ 영어표현의 특징

ⓑ 영어는 사물 주어(주체)를 즐겨 쓰는 것이 특징이다. 인간과 물질을 함께 중시하는 시각이 담겨 있다고 볼 수 있다.

ex

The dog makes me happy.
저 개 때문에 즐거워.

Puppu
강아지

Cat
고양이

Rabbit
토끼

pet
애완동물

Parrot
앵무새

Hamster
햄스터

우리 멋진 만남 열 번째

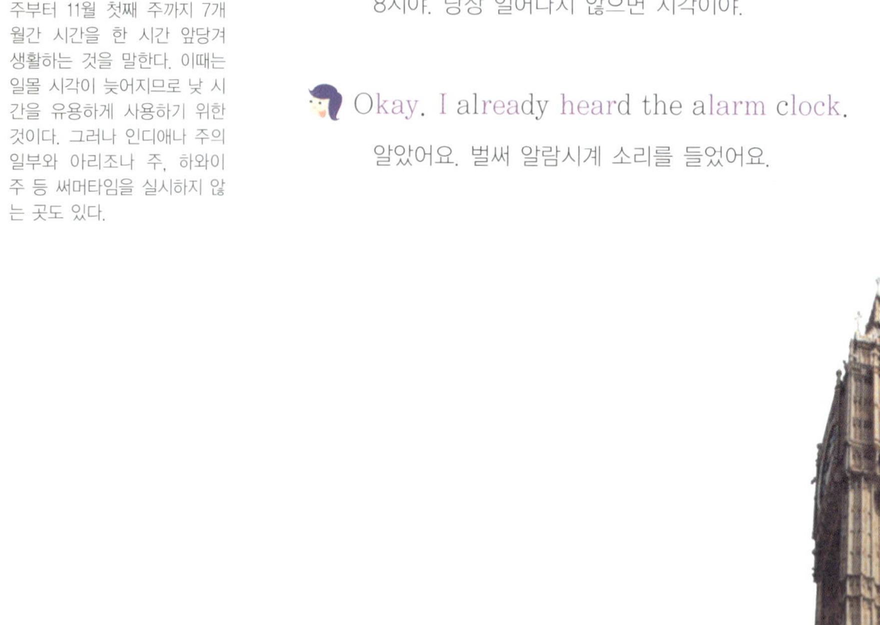

Mary! It's time to wake up.

메어리! 일어날 시간이야.

Father, just five more minutes.

아빠, 딱 5분만 더요.

It's eight o'clock. Get up right now, or you'll be late.

8시야. 당장 일어나지 않으면 지각이야.

Okay. I already heard the alarm clock.

알았어요. 벌써 알람시계 소리를 들었어요.

☑ 알고 싶은 미국 문화

Daylight Saving Time으로 불리는 써머타임은 4월 첫째 주부터 11월 첫째 주까지 7개월간 시간을 한 시간 앞당겨 생활하는 것을 말한다. 이때는 일몰 시각이 늦어지므로 낮 시간을 유용하게 사용하기 위한 것이다. 그러나 인디애나 주의 일부와 아리조나 주, 하와이 주 등 써머타임을 실시하지 않는 곳도 있다.

6장 목적어에게 동작을 하게 만들거나 목적어의 상태에 영향을 주는 동사

주어는 목적어를 무엇이라고 부르고 생각하거나 목적어의 상태를 설명할 수도 있지만, 목적어에게 '어떤 행동을 하도록' 시키거나 목적어를 '어떠한 상태로' 만들 수도 있다. 목적어와 목적보어를 동시에 필요로 한다는 점은 앞장의 문장 형태와 같지만, 목적 보어를 통해 행동을 하게 만들거나 어떠한 상태로 만드는 등 목적어의 동작과 상태에 영향을 준다는 점에서 다르다. 목적보어로 '원형부정사'를 쓰는 동사와 'to부정사'를 쓰는 동사가 있으며, 능동·수동 표현이 다르다.

1. 원형부정사로 누구 혹은 무엇을 행동하게 만드는 권위 있는 동사

누구로 하여금 무엇을 하게 만든다는 의미를 가진 문장 형태에서 동사 'make, have, let'은 <u>목적보어로 반드시 원형부정사</u>를 취한다. 단, 수동일 때는 동사 make, have는 목적보어로 과거분사를 쓰고, let은 'be+과거분사'를 쓴다.

이것은 기본!

ⓐ 목적어를 '~하게 만들다'는 의미의 문장에서 목적보어로 형용사가 쓰일 때 동작을 나타내는 '원형부정사+형용사'에서 '원형부정사'를 생략한 것으로 볼 수 있다.

ex

They made their guests (be) comfortable.
그들은 손님들을 편안하게 했어.

주어 + 동 have + 목 + [목적 보 =(동 원형 + 부)]

- The doctor had her parents [walk everyday.]
의사는 + ~하게 했어 + 그녀의 환자들을 + 매일 걷게.

2. to부정사로 누구 혹은 무엇을 행동하게 만드는 품위 있는 동사

동사 make, have, let을 제외한 동사 'get, tell, compel, cause, urge, order, permit' 등은 <u>목적보어로 to부정사, 현재·과거분사</u>를 취하는데, to부정사와 현재분사는 목적어 입장에서 능동의 의미를 표현하고, 과거분사는 수동의 의미를 표현한다.

주어 + 동 tell + 목 + [목적 보 =(to부정사 + 목 + 부)]

- She told me [to try it again].
그녀는 + 말했어 + 나에게 + 다시 도전해 보라고.

3. 목적어의 상태를 어떠하게 만드는 동사

'make, get, drive, keep, leave, paint' 등의 동사가 쓰여 '~을 ~한 상태가 되게 하다'는 문장을 만들 때 **목적보어로** 올 수 있는 것은 상태를 나타내는 **형용사, 현재·과거분사, 원형부정사**이다.

주어 + 동 get + 목 + 목적 보 (형)

• He got me wrong.

그는 + 이해했어 + 나를 + 잘못.

그는 나를 오해했어.

주어 + 동 paint + 목 + 목적 보 (형)

• She painted her house blue.

그녀는 + 칠했어 + 그녀의 집을 + 파란색으로.

1. 목적보어로 동사원형이 쓰이는 문장을 연습해 보자.

1) 그가 원하는 것을 선택하게 해 주세요.

→ Make him select what he wants.

2) 우리 농구하러 가자.

→ Let's go play basketball.

3) 무엇 때문에 그렇게 생각해?

→ What makes you think so?

☑ 영어표현의 특징

ⓐ 영어는 주체적으로 행동한 일과 다른 사람을 시켜 이루어진 일을 분명히 구분하여 표현한다. 이로써 주체와 목적어의 관계를 더 정확히 드러낼 수 있기 때문이다.

ex

그들은 사진을 찍었어.
They had their pictures
taken.   사진이 찍힌것

2. 목적보어로 to부정사가 쓰이는 문장을 연습해 보자.

1) 그녀는 그녀의 아들을 교회에 가게 했어.

→ She urged her son to go to church.

2) 그들의 선생님은 그들에게 지각하지 말라고 경고했어.

→ Their teacher warned them not to be late for school.

◉ 힘들었던 경험을 이야기해 보자.

• 나는 무엇이든 나의 계획을 실현시키려고 했다.
  I intended to make all my plans come true.

• 그러나 세상은 나로 하여금 그렇게 하도록 만들지 않았다.
  But the world wouldn't let me do it.

• 역경은 나를 겸손하게 만들었다.
  Hardships caused me to become modest.

• 나는 마음을 비우게 되었다.
  I felt empty inside.

☑ **영어표현의 특징**

ⓑ 현재분사(~ing)는 진행과 능동의 의미를 갖고, 과거분사(p.p.)는 완료와 수동의 의미를 갖는다. 현재분사와 과거분사는 형용사처럼 이해할 수 있다.

ex

The movie was interesting.　　능동

I was interested in the movie.　　수동

cf

He is interesting.
그는 재미있는 사람이야.

Poverty
가난

Loneliness
외로움

Disappointed love
실연

Unemployment
실직

Illness
병

우리 멋진 만남

Room Service. How may I help you?
룸서비스입니다. 무엇을 도와드릴까요?

Could you send up some sandwiches and soft drinks?
샌드위치와 청량 음료 좀 가져다 주시겠어요?

Okay. I'll have somebody go there right away.
알겠습니다. 즉시 사람을 보내드리겠습니다.

And I'd like to get an extra pillow. This is 703.
그리고 베개가 하나 더 필요해요. 여기는 703호예요.

☑ **알고 싶은 미국 문화**

대규모 호텔들은 24시간 내내 룸서비스를 제공하므로 매우 편리하게 이용할 수 있다. 객실에서 룸서비스 메뉴를 선택한 후 룸서비스에 전화해서 원하는 음식과 음료수를 주문할 수 있다. 호텔에서도 봉사료 service charge에 대해 팁 tip을 부과하는데 전체 액수의 10~15%이다.

조건문에는 크게 두 가지가 있는데, 하나는 사실적인 조건에 대한 가정이고 다른 하나는 비현실적인 조건에 대한 가정이다. 사실적인 조건문은 일반적인 사실이나 일어날 가능성이 있는 일을 가정하는 것이고, 비현실적인 조건문은 현재 사실 및 과거 사실과 반대되는 비현실적인 일을 가정하는 것이다.

1. 언젠가 실현될 가능성이 있는 단순 가정

현재의 사실에 근거하여 가정하는 조건문은 'If+주어+동사 현재시제, 주어+동사 현재시제/미래시제'로 쓴다. 사실 조건문에서 if절은 언제나 현재시제로 쓰는데, 일반적인 사실이나 과학적인 근거에 입각한 가정일 때는 결과절에서도 현재시제를 쓰고, 아직 일어나지 않은 일에 대한 가정일 때는 결과절에서 미래시제 (will, be going to ~)를 쓴다.

이것은 기본!

ⓐ 사실 조건문의 결과절에서 조동사를 쓸 수 있다.

ex

If you practice speaking English, you can improve quickly.
영어 회화를 연습한다면, 실력이 빨리 늘 거야.

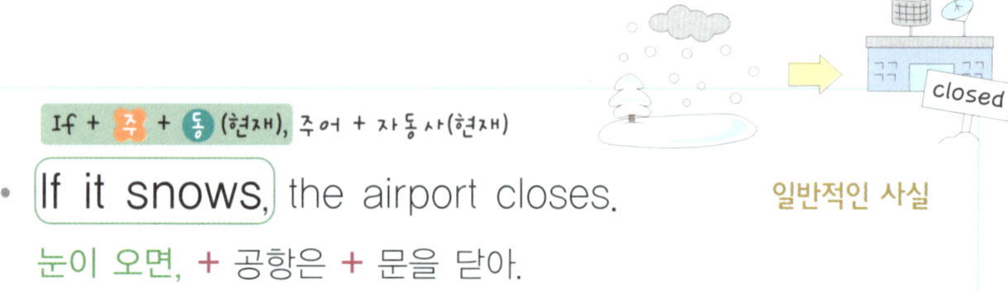

- **If it snows,** the airport closes.

  눈이 오면, + 공항은 + 문을 닫아.

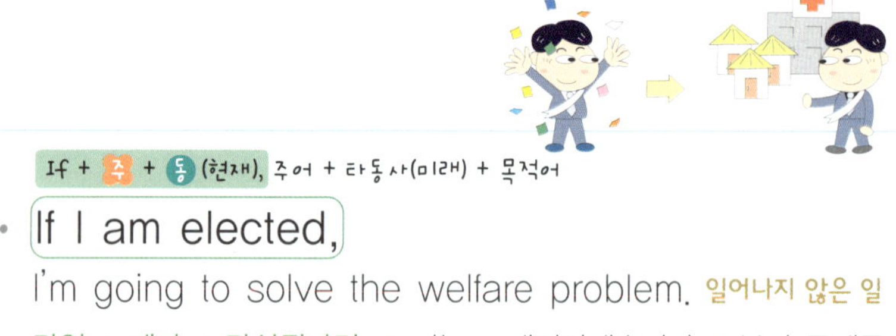

- **If I am elected,**

  I'm going to solve the welfare problem. 일어나지 않은 일

  만일 + 제가 + 당선된다면, + 저는 + 해결하겠습니다 + 복지 문제를.

2. 실현될 가능성이 없는 비현실적인 가정

비현실적 조건문에는 현재 사실을 반대로 말하는 가정과 과거 사실을 반대로 말하는 가정이 있다. **현재 사실의 반대는 과거 시제로 가정**하고, **과거 사실의 반대는 과거 완료 시제로 가정**하는데, 이루지 못한 어떤 사실이 그 순간보다 앞서 이루어졌다면 어떠했을지 가정하는 것이기 때문이다. 결과절에서는 각각 '주어+would[could, might, should]+동사원형' 과 '주어+would[could, might, should] have p.p.' 를 쓴다.

···▶ I don't have much time, so I can't read more books.
시간이 많지 않아서 나는 더 많은 책을 읽을 수 없다.

If + 주 + had + p.p. + 목 , 주 + would have + p.p. + 목

- If I had known the truth,
  I would have saved a lot of money. 과거의 반대

내가 + 알았다면 + 그 사실을, + 나는 + 절약할 수 있었을 텐데
+ 많은 돈을.

⋯▶ I didn't know the truth, so I couldn't save a lot of money.

나는 그 사실을 몰라서 많은 돈을 절약하지 못했다.

차근차근 트레이닝

1. 단순 사실을 가정하는 조건문을 만들어 보자.

1) 사람이 들어오면 개가 짖어.

→ If someone comes in, the dog barks.

2) 너 지금 안 일어나면 회사에 지각할 거야.

→ If you don't get up now, you'll be late for work.

2. 비현실적인 사실을 가정하는 조건문을 연습해 보자.

1) 내가 돈이 많으면, 세계 여행을 할 거야.

→ If I had a lot of money, I would take a trip around the world.

2) 내가 너의 남자친구라면 얼마나 좋을까!

→ I wish I were your boyfriend!

3) 만일 네가 나에게 연락했더라면 나는 너를 떠나지 않았을 텐데.

→ If you had contacted me, I wouldn't have left you.

4) 그녀는 다시 한번 도전할 걸 그랬다고 후회해.

→ She wishes she had tried once again.

☑ **영어표현의 특징**

ⓐ 영어에서 can, will 대신 could, would가 들어간 문장이 공손한 표현인 이유는 그것이 가정법의 일종이기 때문이다. 아직 일어나지 않은 일이므로 현재의 반대를 말하는 가정법 과거의 결과절과 같은 시제이다.

ex

Will you clear your desk?
네 책상 좀 치울래?

Would you clear your desk?
당신의 책상을 좀 치워주시겠어요?

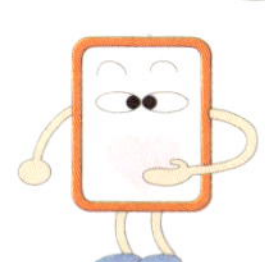

본격 트레이닝 1-B

◉ 희망사항을 말해 보자.

• 내가 다시 어린아이가 될 수 있다면 좋겠다.
I wish I were a child again.

ⓑ 가정법 문장은 실제와 반대되는 상황을 가정하는 것으로, 현재 사실의 반대이므로 과거 시제로 표현한다.

ex

He acts as if he knew everything.
그는 모든 것을 아는 것처럼 행동한다.

It is time that I was going.
가야할 시간이야.

You had better not drive now.
운전하지 않는 게 좋을 거야.

• 내가 어린아이라면 나는 기뻐서 깡충깡충 뛰어다닐 것이다.
If I were a child, I would leap with joy.

• 내가 시간을 많은 낭비하지 않았더라면!
I wish I had not wasted so much time!

• 내가 지금 알고 있는 걸 미리 알았더라면!
I wish I had known what I know now!

Well-proportioned figure
균형 잡힌 몸매

Marriage
결혼

Winning the lottery
복권 당첨

Promotion
승진

Passing the exam
시험 합격

Where are you **going** on vacation?

휴가 때 어디로 가세요?

If I take a vacation, I'm taking a five-day tour of Mexico.

휴가 받게 되면, 멕시코로 5일간 여행 갈 거예요.

Are **there** any interesting places to **go**?

가 볼 만한 재미있는 장소가 있어요?

There is a **lot** of entertainment and **sights**.

위락시설과 관광명소들이 있어요.

I hope **you** have a **good** time on **your** trip.

즐거운 여행이 되시기 바랍니다.

☑ **알고 싶은 미국 문화**

좋은 패키지 투어 **Package Tour** 는 관광객들에게 유익한 여행을 제공해 준다. 모든 여행 경비가 하나의 패키지 가격에 포함되므로 항공권, 호텔 숙박, 식사와 관광을 안내하는 관광 안내원 **tour guide** 의 서비스 까지 받을 수 있다.

과거완료
미래진행
미래
현재
현재완료
과거

시제를 담는 그릇인 동사

Part III

여기에서는 영어 문장의 핵심인 시제를 동사의 형태 중심으로 배운다.

영어의 시제는 일이 일어난 시간의 미묘한 차이에 따라 현재·과거·미래를 기준으로 각각 단순, 진행,

완료, 완료 진행과 같이 구분하여 사용한다는 것을 기억하자!

1장 신이 주신 선물, 내가 만드는 **현재!**

시제란 행동이나 사건이 이루어진 시간을 나타낸다. 시제를 표현하는 것은 동사이며, 어떤 일이 일어난 시간에 따라 동사의 형태가 변한다. **현재 완료**는 과거에 시작해서 현재까지 끝난 일이고, **현재 완료 진행**은 과거에 시작해서 현재까지 끝나지 않은 일이며, **현재 진행**은 현재 진행 중인 일, **현재**는 현재의 사실이다.

1. 단순한 현재 & 진행 중인 현재 진행

현재의 사실이나 늘 반복해서 일어나는 일, 영구불변의 진리를 나타낼 때 현재 시제를 쓰고, 현재 진행되는 일에 현재 진행 시제를 쓴다. 현재 시제는 '동사원형'이고, 3인칭 단수일 때는 '동사+(e)s'이다. 현재 진행 시제는 'be 동사 현재형 am, are, is+~ing'이다.

이것은 기본!

ⓐ '가다, 떠나다, 오다, 도착하다'의 뜻을 가진 단어는 미래를 나타낼 때도 현재나 현재 진행 시제로 표현한다.

ex

She leaves Korea tomorrow.
그녀가 내일 한국을 떠나.

We are arriving there next week.
우리는 다음 주에 거기에 도착할 거야.

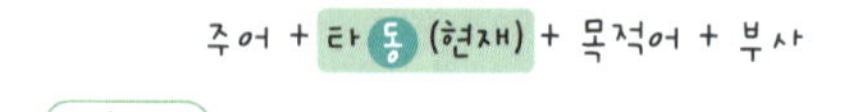

- I **play** computer games everyday.
  나는 + 해 + 컴퓨터 게임을 + 매일.

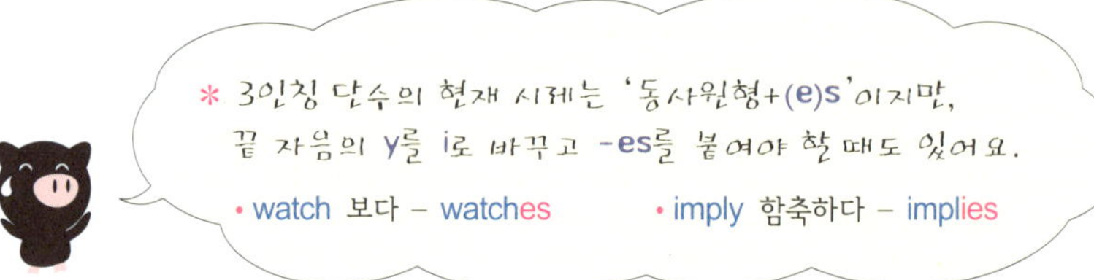

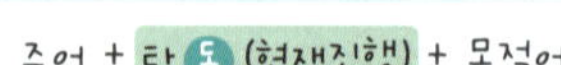

- He **is painting** a picture.
  그는 + 그리고 있어 + 그림을.

2. 완료되어 현재와 관련 있는 일, 현재 완료

완료 시제는 특정 시점의 상황뿐 아니라 그 사건의 전후 상황을 함께 나타낼 때 쓰인다. **현재 완료 시제**는 과거부터 현재까지 관련된 일을 표현할 때 쓰이며, 'have _{3인칭 단수일 때 has} + p.p. _{과거 분사}'의 형태로 쓴다.

주어 + 타 동 (현재 완료) + 목적어 + 부사구

- She has lost her bag just now.

  그녀는 + 잎어버렸어 + 그녀의 가방을 + 지금 방금.

···▶ She lost her bag and she has no bag.

그녀는 가방을 잃어버려서 현재 가방이 없다.

ⓑ 현재 완료 시제는 완료 시제이므로 일이 끝난 상태이지만, for와 since가 있을 때는 의미가 지속된다.

3. 현재까지 진행되고 있는 일, 현재 완료 진행

현재 완료 진행 시제는 과거에 시작해서 현재까지 지속적으로 일어난 일을 나타낼 때 쓰이며, 일종의 진행 시제이므로 아직 끝나지 않은 일임을 알 수 있다. 'have _{3인칭 단수일 때 has} + been + 동사원형 + ~ing」의 형태로 쓴다.

주어 + 타 동 (현재 완료 진행) + 목적어 + 부사구

- They have been building the church this month.

  그들은 + 지어오고 있어 + 그 교회를 + 이번 달까지.

···▶ They started building the church in the past.
And they are building the church this month.

그들은 과거의 어느 시점에 교회 설립을 시작했다.
그리고 이번 달에도 설립을 계속하고 있다.

※ 완료 (진행) 시제와 같이 쓰이는 부사를 알아 둡시다.

- just now   지금 막
- already   이미
- so far   지금까지
- recently   최근에
- lately   요즘에
- still   아직, 벌써
- since~   ~이후로
- for~   ~동안
- once   한 번
- twice   두 번
- before   전에
- never   ~한 적이 없다

1-B Tape을 듣고 색깔이 있는 부분을 강하게 발음하는 훈련을 하자.

1. 현재 시제나 현재 진행 시제를 선택해서 말해 보자.

1) 그가 사무실로 뛰어가고 있어.

→ He is running to his office.

2) 우리 어머니는 매일 아침 뉴스를 보셔.

→ My mother watches the news every morning.

☑ 영어표현의 특징

ⓐ 영어는 동사의 시제 표현이 매우 중요하다. 명확함을 좋아하는 성격은 시제에도 나타나는데, 우리말에서는 주로 단순 시제와 진행 시제만을 쓰는 데 비해 영어는 각 시제에 완료와 완료 진행 시제가 포함되어 시간 표현이 좀 더 세밀하다.

2. 현재 완료 시제가 쓰인 문장을 연습해 보자.

1) 그들은 사이트를 하나 개설했어.

→ They have built a website.

2) 나는 지금껏 3년 동안 여기에서 살았어.

→ I have lived here for 3 years.

3. 현재 완료 진행 시제가 쓰인 문장을 연습해 보자.

1) 그녀는 작명에 관한 책을 읽어 오고 있어.

→ She has been reading a book about names.

2) 나는 몇 년 동안 동전을 수집해 오고 있어.

→ I have been collecting coins for several years.

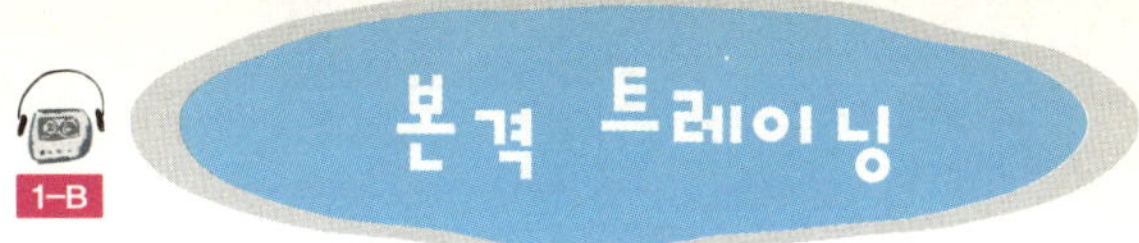

본격 트레이닝

◉ **자신의 일상을 표현하는 문장을 만들어 보자.**

• 저는 언제나 아침 7시에 일어납니다.
  I always get up at 7 in the morning.

• 아침마다 영어 회화 수업을 듣습니다.
  I take English Speaking classes in the morning.

• 수업 시간에 많은 영어 표현을 배워 왔어요.
  I've learned a lot of English expressions in the class.

• 요즘 영어 배우는 것을 즐기고 있습니다.
  I've been enjoying learning English these days.

• 앞으로 영어로 쓰인 몇 권의 책들을 읽을 계획이에요.
  I'm planning to read some books in English.

☑ **영어표현의 특징**

ⓑ 현재 완료는 '방금 끝난 일, 과거부터 현재까지의 경험, 현재에 영향을 주는 과거의 일'처럼 현재와 관련이 있는 일을 나타낼 때 쓴다. 즉, 완료이면서 현재와 관련이 있는 시제로서, 과거와 현재 사이에 존재한다.

Taking a walk
산책

Practicing English conversation
영어 회화 연습

Keeping a diary
일기 쓰기

Togging
조깅

Watching TV
TV 시청

우리 멋진 만남

Um, today's weather is very up and down, isn't it?

음, 오늘 날씨 정말 변덕스러워요, 그렇죠?

You're right.

맞아요.

It has been cloudy and windy all morning.

오전 내내 구름이 끼고 바람이 불었죠.

And now it is getting warmer.

그리고 지금은 더워지고 있어요.

☑ 알고 싶은 미국 문화

미국은 땅덩어리가 매우 넓기 때문에 날씨에 관련된 사고가 다양하게 일어난다.
미국의 북부 지역은 겨울에 매우 춥고 눈보라가 많이 친다. 남동부 지역은 대서양으로부터 허리케인이 불어닥쳐서 가옥들을 휩쓸곤 한다. 중남부 지역은 토네이도tornado라는 회오리바람의 피해를 많이 입고, 서부 지역은 산불, 지진, 폭풍의 피해를 많이 입는다.

과거, 돌이킬 수 없는 역사!

이미 일어난 일을 표현할 때 과거 시제를 사용한다. 과거 완료 진행은 과거 이전부터 과거까지 지속된 일, 과거 완료는 과거 이전의 일, 과거 진행은 과거에 진행된 일, 과거는 과거의 사실을 나타낸다. 세분화된 영어 시제는 사건의 전후와 순서를 말해 주므로 각 시제의 미묘한 차이를 잘 기억하도록 하자.

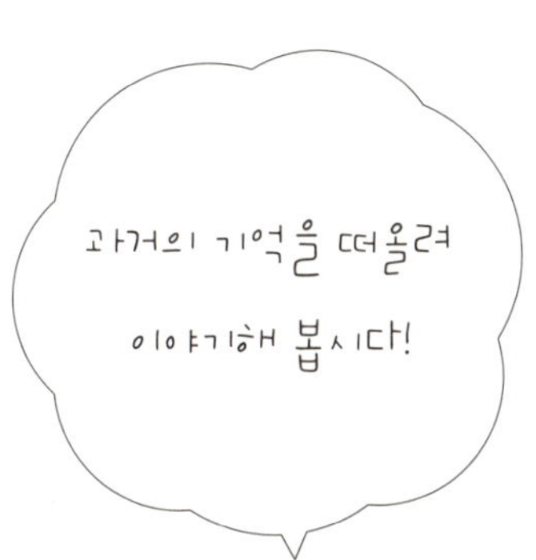

1. 단순한 과거 & 진행 중이었던 과거 진행

과거에 일어난 사건이나 이루어진 행동을 표현할 때 과거 시제를 쓰고 과거에 시작해서 과거의 어느 시점까지 진행되었던 일에는 과거 진행 시제를 쓴다. **과거 시제는** be동사일 때 were 1인칭, 3인칭 단수일 때 was 이고, **일반 동사일 때** '동사원형+ed' 이나, 불규칙적으로 변하는 동사도 있다. **과거 진행 시제는** 'was/were+~ing' 이다.

이것은 기본!

ⓐ 일반동사의 과거형은 동사원형 뒤에 '~ed'를 붙이는 것이 원칙이나, 동사가 'e'로 끝나면 d만 붙이고, '자음+y'이면 y를 i로 고치고 ed를 붙이며, '강세모음+자음'이면 끝자음을 한번 더 쓰고 ed를 붙인다.

ex

decide 결정하다 – decided
cry 울다 – cried
stop 그만두다 – stopped

주어 + **동** (과거) + (명사) + 시간 부사구

- She **wanted to be** a painter three years ago.

  그녀는 + ~가 되고 싶었어 + 화가 + 3년 전에.

···▶ She wanted to be a painter three years ago. But she doesn't want to be any more.

그녀는 3년 전에 화가가 되고 싶었다. 하지만 더 이상 원치 않는다.

접속사 + 주어 + 동사 + 부사 , 주어 + **동** (과거 진행) + 목적어

- When he came home, she **was reading** the paper.

  언제? + 그가 집에 왔을 때, + 그녀는 + 읽고 있었어 + 신문을.

···▶ First she started reading the paper. Then he came home.

먼저 그녀가 신문을 읽고 있었고, 나중에 그가 집에 왔다.

2. 과거 이전에 시작해서 완료된 일, 과거 완료

과거의 어느 시점보다 더 이전에 일어났던 사건을 나타낼 때 'had p.p.'의 형태인 **과거 완료 시제**를 쓴다. 과거 이전에 일어난 일이므로 단순 과거 시제와 비교되어 함께 쓰일 때가 많다. 과거의 어느 사건이나 어느 시점과의 관련성을 보여준다.

가주어 + 동사 + 진주어. 주어 + 동 (과거 완료) + 보어(명사) + 시간 부사구

- It was 1980. He had been a writer for two years.
  1980년이었어. 그는 + ~였어 + 작가 + 2년 동안.

···▶ He was a writer before 1980. But now he is not.
  그는 1980년 이전에 작가였다. 하지만 지금은 아니다.

ⓑ 과거 완료 시제는 부사 already, yet, ever, never 등과 같이 쓰여 뜻을 강조하는 경우가 많다.

ex

I saw a falling star last night. I had never seen it before.
나는 어젯밤에 별똥별을 보았어. 전엔 한번도 그것을 본 적이 없었어.

3. 과거 이전에 시작해서 과거까지 지속된 일, 과거 완료 진행

과거의 어느 시점 이전에 시작해서 과거까지 지속적으로 이어졌던 일을 나타낼 때 'had been+동사원형+~ing'의 형태인 **과거 완료 진행 시제**를 쓴다. 이 시제는 무엇이 지속적이었다는 사실을 강조한다.

접속사 + 주어 + 동사, 가주어 + 동 (과거 완료 진행)

- When the race started, it had been raining.
  언제? + 경주가 시작했을 때, + 비가 와 있었어.

···▶ It was not raining during the race. It had already stopped.
  경주 동안엔 비가 오지 않았다. 비는 이미 그쳐 있었다.

4. 과거의 일에 대한 후회와 과거 사실의 추측

과거에 하지 못한 일에 대한 후회를 표현할 때 'should have p.p.'를 쓴다. '~했어야 했는데, 하지 못했다'는 뜻이다. 또, 과거의 일에 대해 추측할 때 'must have p.p.'를 써서 '~했음에 틀림없다'는 뜻을 나타낸다.

이것은 기본!

ⓒ 'should have p.p.'의 should는 '~하는 게 좋다'는 의무를 나타내고, 'must have p.p.'의 must는 강한 추측을 나타낸다.

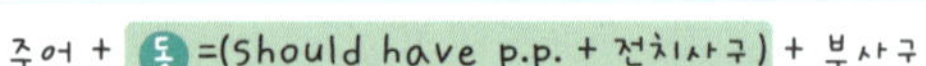

- I should have studied for the exam a lot.

나는 + 시험 공부를 했었어야 했는데 + 많이.

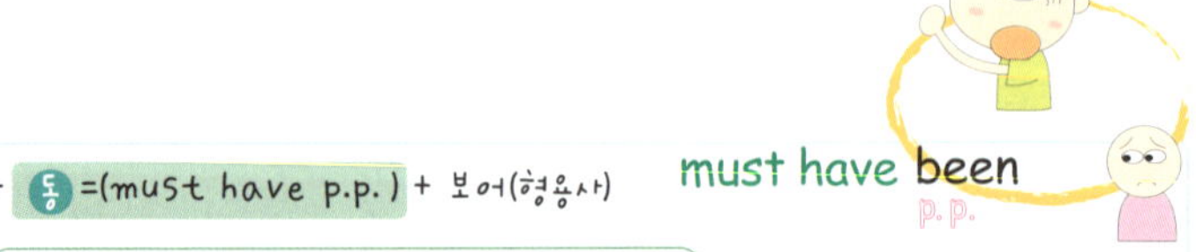

- He must have been angry.

그는 + 화가 났었음에 틀림없어.

5. 과거의 습관에는 used to~와 would

과거의 사실이나 습관을 나타낼 때 will의 과거형인 would를 써서 'would+동사원형'이나, 'used to+동사원형'을 쓸 수 있다. 단, would를 쓰면 과거의 습관이 지금까지 지속될 가능성이 있지만, used to~를 쓰면 지금은 지속되지 않는 과거의 습관일 뿐이다.

주어 + 동 =(would + 동 원형) + 시간 부사구

- I [would walk] before breakfast.

나는 + 걷곤 했어 + 아침 식사 전에.

주어 + 동 =(used to + 동 원형) + 목적어

- I [used to like] you.

나는 + 좋아했었어 + 너를.   하지만 지금은 아니야.

1-B

Tape을 듣고 색깔이 있는 부분을 강하게 발음하는 훈련을 하자.

1. 과거나 과거 진행 시제를 선택하여 말해 보자.

1) 그녀의 삶은 완벽해 보였어.

→ Her life seemed perfect.

2) 그는 이미 음악적인 재능을 보여주고 있었어.

→ He was already showing musical talent.

☑ 영어표현의 특징

ⓐ 영어의 명확한 시간 개념에 따라 과거의 특정 시점에 일어난 일에 대해 구체적인 시간 표현과 동반할 때는 반드시 과거 시제를 쓴다.

ex

She opened her store yesterday.

그녀는 어제 가게를 개업했어.

2. 과거 완료 시제가 쓰인 문장을 연습해 보자.

1) 그것은 2004년까지 어려운 결정이었단다.

→ It had been a difficult decision by 2004.

2) 우리는 전에 이미 그것을 보았었어.

→ We had already seen it before.

3. 과거 완료 진행 시제가 쓰인 문장을 연습해 보자.

1) 나는 규칙적으로 운동을 해 왔었어.

→ I had been exercising regularly.

2) 너는 세 시간이나 자고 있었잖아.

→ You had been sleeping for three hours.

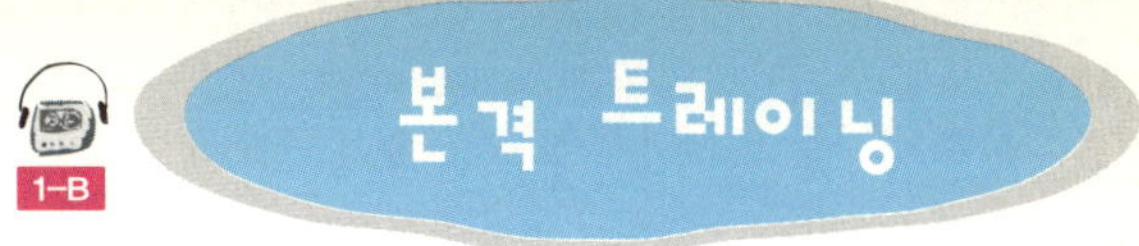

◉ 자신의 여행 경험을 이야기해 보자.

• 저는 스무 살 때 미국을 여행하기로 결심했답니다.
  I decided to travel to America when I was 20.

• 제가 L.A. 공항에 도착했을 때, 저는 거의 15시간을 보내고 있었어요.
  When I arrived at the L.A. airport, I had already spent almost 15 hours traveling.

• 제가 하늘을 바라보았을 때, 태양이 눈부시게 빛나고 있었죠.
  When I looked at the sky, the sun was glaring.

• 큰 태양을 보았을 때 제 가슴은 뛰었습니다.
  My heart leaped up when I saw the big sun.

☑ **영어표현의 특징**

ⓑ 우리말은 과거나 과거 이전의 일이나 모두 과거 시제로 표현하지만, 명확함을 좋아하는 영어는 과거와 과거 이전의 일을 구분하여 과거 이전에 일어난 일에 대해서는 과거 완료 시제를 사용한다.

ex

I saw that he had lied to me.
그가 나에게 거짓말했었다는 것을 알았어.

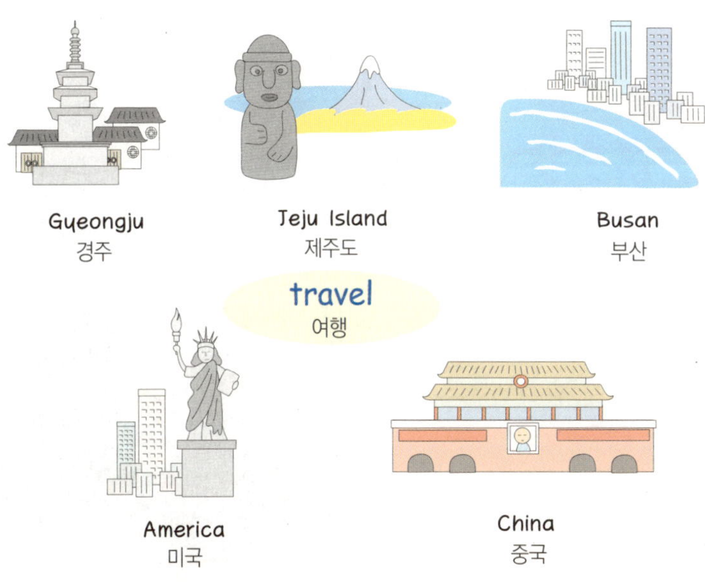

우리 멋진 만남

Oh, no! My computer crashed again.

이런! 컴퓨터가 또 다운됐네.

I think you have a virus on your system.

컴퓨터가 바이러스 먹은 것 같은데.

I think so. Can you do a virus check for me?

그런 것 같아. 바이러스 체크 좀 해 줄 수 있어?

Sure. But you know there's nothing free?

물론이야. 하지만, 세상에 공짜는 없는 거 알지?

☑ 알고 싶은 미국 문화

미국의 인터넷은 우리나라에 비해 가격도 비싸고 속도도 느리다. 차를 마시면서 인터넷을 즐길 수 있는 Internet Cafe 가 있기는 하지만 그 수가 아주 적다. 그래서 아직은 우리나라처럼 온라인 게임에 빠진 아이들을 걱정하는 부모들은 그리 많지 않다. 미국의 어린이들은 비디오게임을 더 즐기는 편이다.

3장 가슴 설레는 비밀, 미래!

앞으로의 일을 예상하거나 추측할 때 미래 시제를 사용한다. 미래 완료 진행은 미래의 어느 시점에서 지속될 일, 미래 완료는 미래의 어느 시점에 끝날 일, 미래 진행은 미래에 계속될 일, 미래는 미래의 일에 대한 예측을 표현한다. 미래 시제는 조동사 will과 shall을 사용하여 표현될 뿐 아니라, 현재 시제와 현재 진행 시제, be going to~를 통해서도 표현할 수 있다는 것을 알아두자.

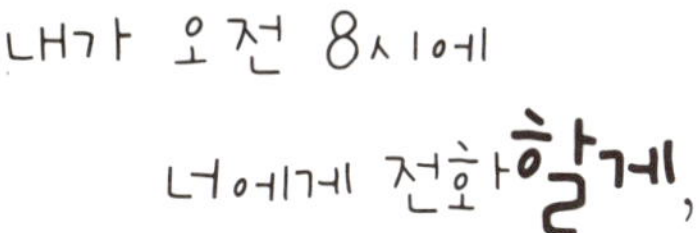

1. 아직 오지 않은 미래 & 앞으로 진행될 미래 진행

앞으로 일어날 일을 예측하거나 결정할 때 '조동사 will · shall+동사원형'의 형태인 **미래 시제**를 쓴다. 미래의 일에 대한 의도나 계획에 관한 일에는 현재 진행 시제인 'be +~ing', '현재 시제', 'be going to~'와 같이 다양하게 표현된다. **미래 진행 시제**는 미래의 어느 시점에 하고 있을 행동이나 이루어지고 있을 일을 나타내며, 'will be ~ing'의 형태로 쓴다.

이것은 기본!

ⓐ 미래의 일이라도 사적인 스케줄, 공식적인 시간표나 프로그램처럼 문서로 기록된 계획이면 현재 시제로 쓴다.

ex

The boss has a meeting at 11:00 a.m.
사장님은 오전 11시에 회의를 가질 예정이야.

주어 + 타동 (미래) + 목적어 + 시간 부사구
- I will call you at 8:00 a.m.
  내가 + 전화할게 + 너에게 + 오전 8시에.

주어 + 자동 (미래 진행) + 시간 부사구
- She will be sleeping at 11:00 p.m.
  그녀는 + 자고 있을 거야 + 오후 11시에.

2. 미래의 언젠가 끝날 일, 미래 완료

미래의 어느 시점에 이미 끝나 있을 일에 대해 'will have p.p.'의 형태인 **미래 완료** 시제를 쓴다.

주어 + 타동 (미래 완료) + 목적어 + 시간 부사구

• I **will have saved** enough money by then.

나는 + 저축해 있을 거야 + 충분한 돈을 + 그때까지.

주어 + 동 (미래 완료) + 시간 부사구

• They **will have been married** for five years by September 1st.

그들은 + 결혼에 있을 것이다 + 5년 동안 + 9월 1일이면.

3. 미래의 언젠가 진행되고 있을 일, 미래 완료 진행

미래의 어느 시기에 진행되고 있을 일에 대해 'will have been ~ing'의 형태인 **미래 완료 진행 시제**를 쓴다.

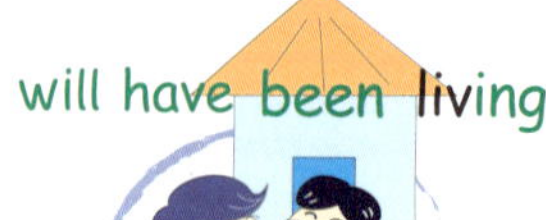

이것은 기본!

ⓑ 움직임이 없이 상태를 나타내 주는 동사는 진행형으로 쓰지 않는다.

ex

have	가지다
resemble	닮다
like	좋아하다
own	소유하다

주어 + 자**동** (미래 완료 진행) + 장소 부사 + 기간 부사구 + 시간 부사구

- We **will have been living** here for ten years by next April.

  우리는 + 살고 있을 거야 + 여기에서 + 10년 동안 + 내년 4월까지.

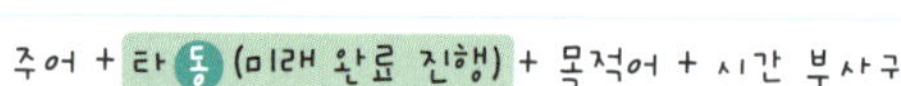

주어 + 타**동** (미래 완료 진행) + 목적어 + 시간 부사구

- We **will have been cleaning up** our house for two hours by then.

  우리는 + 청소하고 있을 거야 + 우리 집을 + 두 시간 동안 + 그때까지.

4. 계획한 일 표현하기

앞으로 예정된 일이나 의도에 관해 미래 시제 뿐 아니라 준동사 'be planning to~, decide to~, be supposed to~, intend to~, mean to~' 등을 통해서도 표현할 수 있다.

주어 + 준동 + to 부정사 + 장소 부사구 + 시간 부사구

- We're supposed to gather at the store by 2 o'clock.

  우리는 + ~하기로 되어 있어 + 그 상점에 모이기로 + 두 시까지.

ⓒ 준동사로 과거의 계획이나 미래의 계획도 나타낼 수 있다.

ex

I was planning to be with you.
너와 함께 있으려 계획했었어.
과거

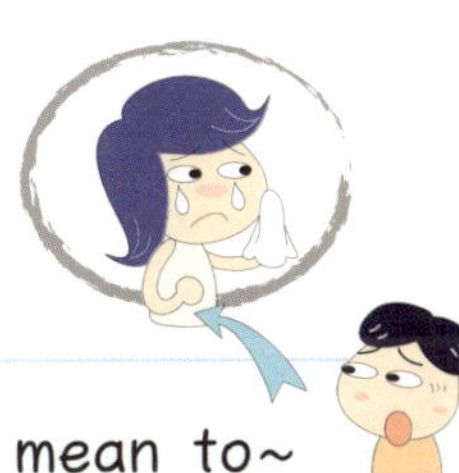

주어 + 준동 + to 부정사 + 목적어

- I didn't mean to hurt you.

  나는 + ~할 생각이 아니었는데 + 너의 감정을 상하게 할.

5. 희망하는 일 표현하기

미래에 있을 일에 대한 희망을 표현할 때에도 다양한 준동사를 이용한다. 'would like to~, would like+명사, hope to~, would rather~ than~, look forward to ~ing' 등을 쓸 수 있다.

이것은 기본!

ⓓ 'look forward to ~ing' 에서 to는 to부정사의 to가 아니라 전치사 to이므로 to 다음에 명사나 동명사가 와야 한다.

look forward to+(동)명사

주어 + 동 =(준동 would rather + 동 원형) + than + 동사 + 부사

- I would rather go out than stay home.

  나는 + ~하는 게 낫겠어요 + 외출하는 게 + 집에 있는 것보다.

주어 + 동 =(준동 look forward + 전 to + 동명사) + 목적어 + 부사

- I'm looking forward to seeing you again.

  나는 + ~하기를 기대하고 있어요 + 만나기를 + 당신을 + 다시.

Tape을 듣고 색깔이 있는 부분을 강하게 발음하는 훈련을 하자. 1-B

1. 미래나 미래 진행 시제를 선택하여 말해 보자.

1) 나는 지금 맛있는 저녁 식사를 준비할 거야.

→ I will make a delicious dinner right now.

2) 나는 내일 우체국에 들르고 있을 거야.

→ I will be going by the post office tomorrow.

2. 미래 완료 시제가 쓰인 문장을 연습해 보자.

1) 그녀는 5월까지 새로운 차를 구입해 있을 거야.

→ She will have bought a new car by May.

2) 그는 6월까지 빚을 다 갚아 있을 거야.

→ By June, he will have paid his debt.

3. 미래 완료 진행 시제가 쓰인 문장을 연습해 보자.

1) 그는 6개월 동안 그 시험을 준비하고 있을 거야.

→ He will have been preparing for the test for six months.

2) 우리는 2주 동안 집을 페인트칠하고 있을 거야.

→ We will have been painting the house for two weeks.

☑ **영어표현의 특징**

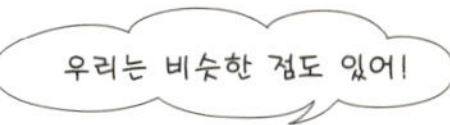 ⓐ 우리말에서 확실히 정해진 가까운 미래의 일을 말할 때 현재 시제로 말하는 것처럼 영어도 공식적인 스케줄 상에 있는 계획이나 확실히 정해진 일, 가까운 미래를 말할 때 현재 시제로 말한다.

ex

I leave korea tonight.
나 오늘밤에 한국 떠나.

◉ 앞으로의 계획을 말하는 문장을 만들어 보자.

- 나는 다음 주에 졸업을 한다.
  I am graduating next week.

- 나는 그리스 여행을 위해 준비하고 있을 것이다.
  And I'm going to be getting ready to travel to Greece.

☑ **영어표현의 특징**

ⓑ 영어는 직선적인 세계관에 의해 미래의 어떤 일조차 완결될 수 있다고 믿기 때문에 미래 완료 시제를 사용한다.

ex

I will have read this book by tomorrow.
나 내일까지 이 책 다 읽어 있을 거야.

- 그래서 다음 달이면 아름다운 해변가에 누워 있을 것이다.
  So I will be sitting on beautiful beaches next month.

- 여행이 끝나는 대로 나는 새 일을 구할 것이다.
  I'm getting a new job as soon as I finish my traveling.

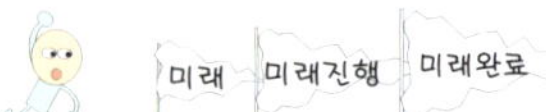

I'm going to have a party this Saturday.

이번 주 토요일에 파티할 거야.

Will you come over to my place?

우리 집에 올래?

What's the occasion?

무슨 특별한 일 있어?

Saturday is my birthday.

토요일이 내 생일이거든.

I'd love to come. Thanks for inviting me.

당연히 가야지. 초대해 줘서 고마워.

☑ **알고 싶은 미국 문화**

미국인들은 파티광 party animals라고 불릴 정도로 파티를 좋아하지만 우리처럼 거창하게 음식을 차리기보다는 음료와 쿠키 정도의 간단한 음식을 먹으면서 즐기는 조촐한 모임 a little together가 대부분이다. 가장 대표적인 파티는 포트럭 파티 potluck party로 참석자가 한두 가지의 음식을 만들어 와서 함께 나눠먹는 파티이다. 또, 하우스웜밍 파티 housewarming party는 새 집으로 이사가서 친지나 친구들을 초대하는 집들이 파티를 말한다.

부가구문
주절

주절 앞에 쉽게 덧붙이는
부가구문

Part IV

여기에서는 융통성 있는 회화를 위한 부가구문에 대해 배운다.

부가구문이란 회화를 편리하게 하기 위해 주절에 쉽게 덧붙이는 구나 절을 말한다. 특히, 명사구를

덧붙일 때는 전치사가 필요하고, 절을 덧붙일 때는 부사절 접속사가 필요하다는 사실을 기억하자!

전치사구로 시작하는 부가구문

주절의 앞이나 뒤에 부가적으로 붙는 문장을 **부가구문**이라고 한다. 주절에는 주어와 동사가 반드시 있어야 하지만, 부가구문은 주절에 따르는 수식구문으로 절이나 구가 될 수 있다. 쉼표를 통해 주절 앞에 올 수 있는 부가구문에는 크게 다섯 가지가 있다. 회화를 하거나 작문을 할 때 의미를 쉽게 덧붙여 줄 수 있으므로 잘 기억해 두자. 그중 첫 번째 부가구문은 전치사와 (동)명사가 만드는 **전치사구**이다.

1. 장소, 시간, 수단 등을 말해주는 친절한 전치사

전치사구는 장소, 시간/날짜, 교통수단 등을 나타내는 데 쓰인다. **장소전치사**에는 'in, on, at, in front of, behind, under, across, along' 등이 있고, **시간/날짜 전치사**에는 'in, on, at, for, since 완료시제, during, over, by, until' 등이 있다. **수단전치사**는 by+수단/ in[on]+한정사+수단으로 쓰인다.

이것은 기본!

ⓐ 수단 전치사구

ex

by train[taxi, car, bus, boat, plane]
기차[택시, 자동차, 버스, 배, 비행기]를 타고

on foot 걸어서

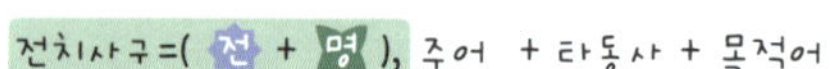

전치사구=(전 + 명), 주어 + 타동사 + 목적어

- **At Christmas,** he received many Christmas cards.

시간

성탄절에, + 그는 + 받았어 + 많은 크리스마스 카드를.

✽ 전치사구 중에는 관용구로 쓰이는 것도 있어요.

• on a trip	여행 중	• on business	사업상
• in cash	현금으로	• by credit card	신용카드로
• by accident	우연히	• in my opinion	내 생각에는
• on purpose	고의로	• by mistake	실수로
• on the[one's] way	가는 도중에	• in the[one's] way	방해가 되어

2. 전치사와 명사가 만드는 전치사구

'전치사+명사구'가 만드는 전치사구에서 전치사 다음에 쓸 수 있는 것은 명사·대명사·동명사뿐이다.

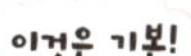

전치사구=(전 + 명 구), 주어 + 동사구 + 목적어

• **Into the building,** he looked for his father. **동작**

건물 안으로 들어가서, + 그는 + 찾아보았어 + 그의 아버지를.

이것은 기본!

ⓑ '동사+전치사'가 동사구를 이룰 때에도 전치사는 목적어로 명사[구]를 취한다.

ex

She paid for everything.
그녀가 전부 지불했어.

전치사구=(전 + 명 구), 주어 + 타동사 + 목적어

• **At the crossroads,** I saw a big shoe store. **장소**

교차로에서, + 나는 + 봤어 + 큰 신발 가게를.

* 단어의 품사란 반드시 한 가지로 정해지는 것이 아니라 여러 품사를 가질 수도 있어요.

- before their arrival   그들의 도착 전에   before=전치사
- before they arrive   그들이 도착하기 전에   before=접속사
- a few days before   며칠 전에   before=부사

1-B

Tape을 듣고 색깔이 있는 부분을 강하게 발음하는 훈련을 하자.

1. 전치사구를 써서 장소, 시간, 수단을 표현해 보자.

1) 내 주머니 안에   →   in my pocket

2) 섬에서   →   on the island

3) 오후에   →   in the afternoon

4) 그녀의 차를 타고   →   in her car

☑ **영어표현의 특징**

ⓐ 우리말의 조사처럼 단어와 단어를 연결하는 역할을 하는 것이 영어의 전치사이다. 단, 우리말의 조사는 한정되어 있는 데 비해, 영어는 같은 뜻이라도 뉘앙스에 따라 세분화되어 있는 것이 특징이다.

ex

They are at the park.
그들이 공원에 있어.

They are in China.
그들이 중국에 있어.

2. 전치사와 명사구로 이루어진 부가구문을 연습해 보자.

1) 지는 해를 향하여 우리는 걸었어.

→ Toward the setting sun, we walked.

2) 너와 나 사이에, 우린 솔직해야 해.

→ Between you and me, we must be open.

3) 은행 앞에서, 우리는 모든 사람들이 올 때까지 기다렸어.

→ In front of the bank, we waited until all the people came.

4) 내 생각에는, 너는 이 일을 끝내야만 해.

→ In my opinion, you have to finish this work.

◉ 자신의 집 내부를 묘사해 보자.

• 내 방에는, 침대와 책상, 큰 책장이 있다.
In my room, there is a bed, a desk, and a big bookshelf.

• 서재처럼, 나의 책장은 많은 양서를 보유하고 있다.
Like a library, my bookshelf has many good books.

• 거실의 탁자 옆에는 멋진 어항이 하나 있다.
A beautiful fish bowl is beside the table in the dining room.

• 작년부터 우리는 그 어항에 붕어를 키워 왔다.
Since last year, we've been raising fish in the bowl.

☑ 영어표현의 특징

ⓑ 전치사가 장소의 범위에 따라 다르게 쓰이는 것처럼 시간을 나타내는 전치사도 뉘앙스에 따라 달리 쓰인다. 시간을 나타내는 전치사는 동사의 시제에 영향을 많이 받는다.

ex

I will finish my work by 7.
7시까지는 내 일을 끝낼게.
7시까지 일을 완료한다는 뜻으로 중간에 쉴 수도 있다.

I will finish my work till 7.
7시에 이르기까지 내 일을 끝낼게.
7시가 될 때까지 일을 쉬지 않고 지속할 것이라는 뜻이다.

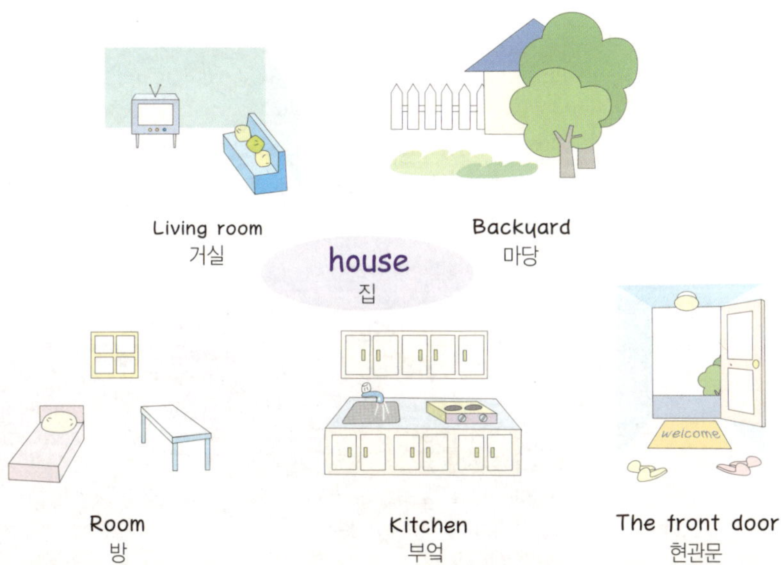

우리 멋진 만남

The laundry has piled up in the hamper.

세탁물 바구니에 빨래가 쌓여 있군.

Can you load the washing machine?

세탁기에 빨래 좀 넣어 줄래?

No problem. Where is the detergent?

알았어요. 세제는 어디 있어요?

On the shelf.

선반 위에 있어.

☑ 알고 싶은 미국 문화

미국의 집안일chores는 남편과 아내가 반반씩 공동으로 한다. 어느 한쪽이 일방적으로 가사 일을 담당하는 경우는 거의 없다. 미국 가정에는 대부분 커다란 세탁실에 세탁기와 건조기가 함께 구비되어 있기 때문에 세탁물을 집 밖에 널어서 말리지 않고 건조기를 사용해서 말리는 것이 특징이다.

부사절로 시작하는 부가구문

절이란 주어 하나와 본동사 하나로 완성된 의미를 이루는 단위를 말한다. 문장 하나에 절이 하나일 수도 있고, 두 개 이상일 수도 있다. 문장의 주축이 되는 절을 **주절**이라고 하고, 주절에 덧붙이는 절을 **부사절** 혹은 **종속절**이라고 한다. 동등한 역할을 하는 두 개의 주절을 연결할 때에는 등위접속사를 써서 연결하고, 하나의 주절과 그것에 종속되는 부사절을 연결할 때는 **부사절 접속사**를 써서 연결한다.

1. 단어와 단어의 손을 잡아주는 접속사

문장 안에서 단어와 단어, 구와 구, 절과 절을 연결해 주는 연결어를 접속사라고 한다. 명사·구·절이 동등한 개념으로 이어질 때 등위접속사를 쓰고, 한쪽이 다른 한쪽에 종속될 때 종속접속사를 쓴다. 두 개의 동등한 절을 이끄는 등위접속사에는 and 그리고, but, yet 그러나, or 혹은, so 그래서, for 왜냐하면 가 있다.

이것은 기본!

ⓐ 등위접속사에 의해 연결된 두 단어는 반드시 같은 성질의 것이어야 한다.

ex

Six and four is ten.
6 더하기 4는 10이야.

명사 and 명사

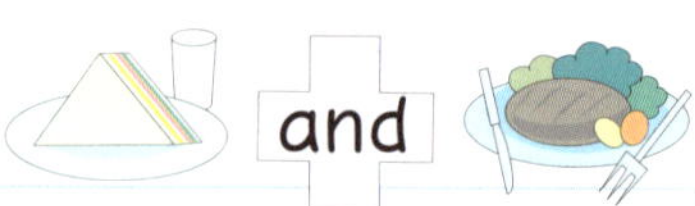

주어 + 타동사 + 목 =(명 + 접 + 명) + 부사

- He skipped lunch and dinner as well.

그는 + 걸렀어 + 점심에다가 + 저녁까지.

등위접속사 – 명사와 명사를 연결

부사절=(종속 접 + 주 + 타 동 + 목), 주어 + 동사 +목적어

- Although I liked the digital camera, I didn't buy it.

비록 + 나는 + 마음에 들었지만 + 그 디지털카메라가,
나는 + 사지 않았어 + 그것을.

종속접속사 – 부가구문

2. 주절의 앞·뒤에서 주절을 꾸며주는 부사절

주어를 꾸며주는 부사절 '**부사절 접속사+주어+동사**'는 주절의 앞·뒤 어디에나 붙을 수 있다. 부사절 접속사는 시간[when, while ~동안에, as, after, before, until], 이유 [as, because, since], 장소[where, wherever], 대조 [though, although, while 반면에], 목적 [in order that, so that], 양보 [however 아무리 ~해도] 등을 나타낸다.

부사절
접속사 ✛ 주어 ✛ 동사 , 주절

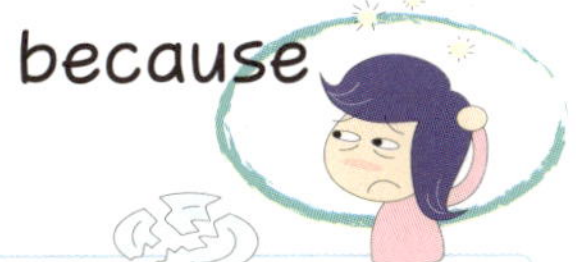

부사절=(시간 접 + 주 + 동), 주어 + 동사 + 보어(형용사)

- **As we drove,** the weather got worse.   시간

  운전을 할수록, + 날씨가 + 험악해졌어.

이것은 기본!

ⓑ '부사절+주절'의 순서일 때는 부사절 다음에 쉼표가 붙으나, '주절+부사절'의 순서로 올 때는 쉼표가 붙지 않는 것이 일반적이다.

because

주어 + 타동사 + 목적어 + 부사절=(이유 접 + 주 + 동 + 보)

- She made mistakes **because she was tired.** 이유

  그녀는 + 실수를 했어 + 피곤했기 때문에.

Tape을 듣고 색깔이 있는 부분을 강하게 발음하는 훈련을 하자.

1. 등위접속사를 써서 문장을 만들어 보자.

1) 그는 아파서 병원에 갔어.

→ He was sick, so he went to the hospital.

2) 돈을 다 써버렸기 때문에 나는 돈이 없었어.

→ I had no money, for I spent it all.

☑ 영어표현의 특징

ⓐ 우리말은 문장과 문장을 연결하는 접속사가 문장과 문장 사이에 붙는 데 비해, 영어는 문장 앞에 제시되는 경우가 많다. 부사절이 어떤 내용을 제시할 것인지 접속사만 봐도 알 수 있다는 점에서 편리하다.

ex

I got up late, so I was late for school.
나는 늦게 일어나서 학교에 지각했어.　　주절+주절

Because I got up late, I was late for school.
　　부사절+주절

I was late for school because I got up late.
　　주절+부사절

2. 종속접속사가 쓰인 부사절을 연습해 보자.

1) 걸을 때 나는 다리가 아파.

→ When I walk, my leg hurts.

2) 비록 그는 어리지만, 총명해.

→ Though he is young, he is wise.

3) 아무리 그녀가 여기에 없어도, 나는 그녀를 사랑해.

→ Even though she is not here, I love her.

4) 그가 떠나기 전에, 나에게 편지 한 통을 주었어.

→ Before he left, he gave me a letter.

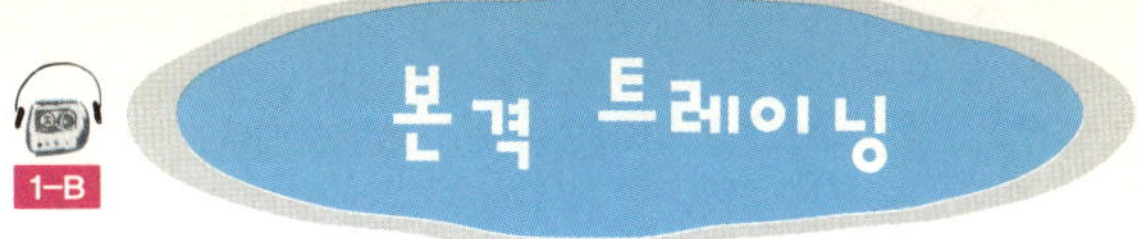

⦿ 용돈 소비 경향을 이야기해 보자.

- 나는 용돈을 받은 후에, 며칠만에 다 써버리곤 했다.
  After I got my pocket money, I usually have used it up
  in a few days.

- 나는 옷이 많았는데도, 주로 옷을 사는 데 내 돈을 소비했다.
  I usually spent my money buying clothes although I
  already had a lot of clothes.

- 이제는 쇼핑하러 갈 때마다, 더 이상 그러지 않는다.
  Now, whenever I go shopping, I don't do that any more.

- 돈을 저축하기 위해, 나는 적금 통장 하나를 마련했다.
  In order to save money, I got an instalment savings
  bankbook.

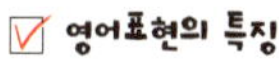

Piggy bank
돼지 저금통

Bankbook
통장

Credit card
신용카드

Eating out
외식

Shopping
쇼핑

우리 멋진 만남

You look pale and tired. What's wrong with you?

창백하고 피곤해 보이는데. 어디 아파?

After I returned from my trip, I had a fever and a headache.

어제 여행에서 돌아온 후, 열이 있고 머리가 아파.

Do you want some aspirin?

아스피린 좀 줄까?

No, I don't like to take medication.

아니, 나 약 먹는 거 좋아하지 않아.

I think I'll just close my eyes and rest a while.

그냥 눈을 감고 잠시 쉬어야겠어.

☑ 알고 싶은 미국 문화

우리에게 병원에 간다는 말은 몸이 좀 아파서 의사를 찾는다는 뜻이다. 그러나 영어로 **병원에 있다** be in the hospital 는 말은 심각한 건강상의 문제로 병원에 간 것을 말한다. 미국인들은 감기와 같은 작은 질병에는 clinic을 먼저 찾는다. 그리 심각하지 않은 증상으로 병원을 찾는 것을 미국인들은 **의사를 보러간다** go to see a doctor고 말한다.

3장 현재분사로 시작하는 부가구문

주절 앞에 덧붙일 수 있는 현재분사 ~ing 구문은 엄밀히 말해 '종속 접속사+주어+동사'로 이루어진 부사절이 축약되어 만들어진 것으로 접속사와 주어를 생략한 후 동사를 ~ing 형태로 바꾼 것이다. 이때 접속사와 주어를 생략할 수 있는 이유는 접속사를 생략해도 의미가 명확하고, 부가구문의 주어가 주절의 주어와 동일하기 때문이다. 현재분사 ~ing 는 명사 역할을 하는 동명사 ~ing 와 모양은 같지만, 진행과 능동의 의미를 나타낼 때 쓰이는 형용사이다.

1. 긴 부사절에서 다이어트에 성공한 현재분사 구문

현재분사 구문은 접속사와 주어, 동사로 이루어진 부사절로부터 편리성을 위해 짧게 구로 줄어든 것이므로, 접속사와 주어를 되살려 부사절로 만들 수 있다. 현재분사 구문은 연속동작, 시간, 이유, 조건 등 부사절이 표현하는 모든 의미를 담을 수 있고, <u>진행과 능동</u>의 의미를 갖는다.

이것은 기본!

ⓐ 현재분사 부가구문의 시제가 주절의 시제보다 앞설 때 완료형 'having p.p.'로 만들어 준다.

ex

Having learned of poetry, she liked it more.
시에 대해 배운 후에, 그녀는 그것을 더욱 좋아했어.
= After she had learned of poetry, she liked it more.

현재분사 구문, 주어 + 동사

- **Passing by,** he smiled at me.

  지나가면서, + 그는 + 미소지었어 + 나를 보고.

···▶ When he passed, he smiled at me.

그가 지나갈 때, 나에게 미소지었어. **연속 동작**

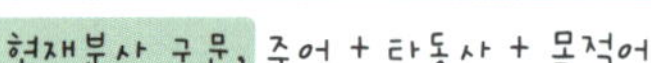

현재분사 구문, 주어 + 타동사 + 목적어

- **(Being) Afraid of failure,** some people don't try what they want.

  실패가 두려워서, + 어떤 사람들은 + 시도하지 않아 + 그들이 원하는 것을.

···▶ Because some people are afraid of failure, they don't try what they want.

어떤 사람들은 실패가 두려워서, 원하는 것을 시도하지 않는다. **이유**

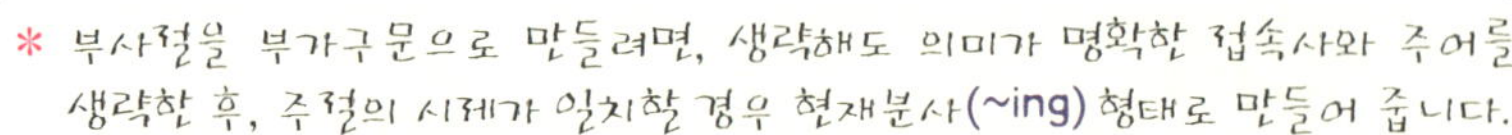

＊ 부사절을 부가구문으로 만들려면, 생략해도 의미가 명확한 접속사와 주어를 생략한 후, 주절의 시제가 일치할 경우 현재분사(~ing) 형태로 만들어 줍니다.
- 일반동사일 때 '일반동사+~ing'
- be동사+형용사[과거분사, 현재분사, 전치사구]일 때 be동사 생략 후 '형용사[과거분사, 현재분사, 전치사구]'

2. 또 다른 문장을 안고 있는 함축의문문

제3자가 한 말을 따옴표를 써서 직접 인용하지 않고, 말하는 사람 입장에서 따옴표 대신 if ~인지 아닌지를 써서 **간접적으로 인용하는 문장**을 **함축의문문**이라고 한다. 간접의문문도 함축의문문의 한 형태이다.

현재분사 구문, 주어＋동사＋사람목적어＋ 함축의문문＝(that＋ 주 ＋ 동 ＋ 부구)

- Going out, she told me
  that she would be back in a moment.

  외출하면서, ＋ 그녀는 말했어 ＋ 나에게 ＋ 곧 돌아올 거라고.

····▶ When she went out, she said "I'll be back in a moment".

그녀는 외출할 때 "곧 돌아올게"라고 말했어.

주어＋동사＋사람목적어＋ 함축의문문＝(if＋ 주 ＋ 동 ＋ 목

- He asked me **if I had another pencil.**

  그는 ＋ 물었어 ＋ 나에게 ＋ 연필이 하나 더 있는지.

····▶ He asked me, "Do you have another pencil?"

그는 나에게 "너 연필 하나 더 있니?"라고 물었어.

> ＊ 간접의문문을 함축의문문의 형태로 쓸 때는 '의문사＋주어＋동사'의 순서로 쓰며, '의문사＋to부정사'의 형태로 바꿀 수 있습니다.
> - Can you tell me how I should use this machine?
> = Can you tell me how to use this machine?
> 이 기계를 어떻게 사용해야 되는지 가르쳐 줄래?

이것은 기본!

ⓑ 따옴표를 써서 인용할 때는 말한 바를 그대로 쓰지만, 함축 의문문으로 쓸 때는 그것이 발화된 때의 시간과 그것을 인용하는 사람의 기준에 맞춰 단어를 바꿔 주어야 한다.

ex

today	→	the day
this	→	last
will	→	would

2-A

Tape을 듣고 색깔이 있는 부분을 강하게 발음하는 훈련을 하자.

1. 현재분사 부가구문을 만들어 보자.

1) 너를 기다리면서, 나는 행복했어.

→ Waiting for you, I was happy.

2) 그 영화를 본 후에, 그녀는 그에게 편지를 썼어.

→ Having seen the movie, she wrote a letter to him.

☑ **영어표현의 특징**

ⓐ 형용사 역할을 하는 현재분사는 동명사와 모양이 같지만, 역할이 다르다. 동명사는 명사가 된 동사로 명사 역할을 하고, 현재분사는 동사에 ~ing를 붙인 것으로 명사를 꾸며주는 형용사 역할을 한다.

ex

a running girl
달리고 있는 소녀
명사를 꾸며주는 형용사인 현재분사

a running shoes
달리기용 신발
'달리는 신발'은 어색하므로 running은 명사를 꾸며주는 동명사

2. 직접의문문을 함축의문문으로 바꾸는 연습을 해보자.

1) They said to me, "we'll be a little late."
→ They told me that they would be a little late.

2) I said to him, "don't bring anything."
→ I told him not to bring anything.

3) She said to me, "where's my umbrella?"
→ She asked me where her umbrella was.

본격 트레이닝

⊙ 어제 있었던 일을 말해 보자.

- 늦잠을 잔 바람에, 그녀와의 약속에 늦게 나갔다.
  Having overslept, I went out late for my date with her.

- 그곳으로 뛰어가다가, 나는 넘어져 다리가 다쳤다.
  Running to go there, I fell and broke my leg.

- 너무 아파서 나는 그냥 걸어가야 했다.
  Hurting so much, I had to just walk.

- 나는 그녀를 만나 기다리게 해서 미안하다고 사과했다.
  Seeing her, I said that I was sorry to have kept her waiting so long.

☑ **영어표현의 특징**

ⓑ 현재분사는 능동을 나타내므로 주어가 행동의 주체가 되면 능동인 현재분사로 표현하고, 다른 주체의 행동에 영향을 받으면 과거분사로 표현한다.

ex

Although so exciting, the movie was too short.
(영화는) 너무 재미있었지만, 너무 짧았어.

Although so excited, I fell asleep during the movie.
(나는) 너무 재미있었지만, 영화 중에 잠이 들었어.

Date
데이트

Quarrel
다툼

Chatting
수다

Seeing the movies
영화 보기

Kiss
입맞춤

☺ Flipping channels, you are a channel surfer.

채널을 계속 이리저리 돌리는 걸 보니, 너 채널 서퍼구나.

Just stick to one channel.

그냥 한 채널에 좀 놔둬.

☺ There's nothing interesting on TV.

TV에서 재미있는 게 하나도 안 한단 말이야.

☺ My favorite sitcom, 'Friends' is on at 8.

8시에 내가 제일 좋아하는 시트콤 '프렌즈'가 해.

☑ 알고 싶은 미국 문화

90년대 중반에 이미 채널이 100개가 넘었을 정도로 미국은 케이블 방송이 발달되어 있어, 대부분의 가정에서 케이블 방송을 시청한다. 그래서 ABC, NBC, CBS 같은 공중파 방송국들도 케이블 방송을 따로 제작할 정도이다.
각 케이블 채널은 한 가지 분야의 프로그램을 집중적으로 제작 방송하는데, 대표적인 채널로는 뉴스 전문채널 CNN, 역사 전문채널 History, 지식 전문채널 Discovery 등이 있다.

4장 과거분사로 시작하는 부가구문

현재분사 ~ing 구문이 부사절에서 축약되었듯이, 과거분사 p.p. 구문도 부사절에서 축약된 것이다. 부사절에서 접속사와 주어를 생략해도 의미가 명확하기 때문에, 과거분사 p.p.로 축약된 형태의 부가구문이 주절을 수식해 주는 것이다. 과거분사는 완료와 수동의 의미를 표현하는 데 쓰인다. 현재분사와 과거분사 모두 불필요한 단어를 생략함으로써 간단하게 말하기 위해 만들어진 구문임을 기억하자.

너무 피곤해서, 

흰눈으로 **뒤덮었을** 때, 

여기에, 

오직 영어를 **훈련함으로써...** 

1. 불필요한 것을 과감히 벗어 던진 과거분사

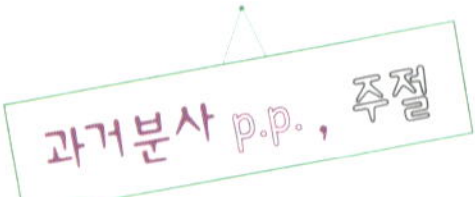

과거분사 구문도 부사절에서 온 것으로 **완료와 수동**의 의미를 나타낸다. 과거분사 구문 역시 연속동작, 시간, 이유, 조건 등 부사절이 표현하는 모든 의미를 담을 수 있다.

이것은 기본!

ⓐ 과거분사 부가구문의 시제가 주절의 시제보다 앞설 때 'had p.p.'로 쓸 수 있다.

ex

Having decided to do that, she tried her best.
그것을 하기로 결정한 후, 그녀는 최선의 노력을 다했어.
= After she had decided to do that, she tried her best.

(Being) tired~

과거분사 구문, 주어 + 조동사 + 자동사 + 부사구

- **(Being) so tired,** they couldn't work any more.

  피곤해서 + 너무, + 그들은 + 일할 수 없었어 + 더 이상.

···▶ Because they were so tired, they couldn't work any more.
이유

그들은 너무 피곤했기 때문에 더 이상 일할 수 없었어.

(Being) covered~

과거분사 구문, 주어 + be동사 + 부사 + 보어(형용사)

- **(Being) covered with white snow,** the mountain was really great.

  뒤덮였을 때 + 흰눈으로, + 산은 매우 + 멋졌어.

···▶ When the mountain was covered with white snow, the mountain was really great.
때

산이 흰눈으로 뒤덮였을 때, 산은 매우 멋졌어.

* 주절의 주어와 부사절의 주어가 같지 않을 때 부사절의 주어를 써 준 후, 동사를 ~ing형으로 만들어요. 이때의 부사절은 독립적이기 때문에 '독립 분사구문'이라고 합니다.
  • Because it was dark, we could hardly see anything.
  → It being dark, we could hardly see anything.
  어두워서, 우리는 거의 아무것도 볼 수 없었어.

2. 강조어를 맨 앞으로 끌어내는 도치

강조하려는 단어나 구가 문장의 맨 앞으로 옮겨지면서 **주어와 동사의 순서가 뒤바뀌는 것**을 **도치**라고 한다. 장소[위치], 방향, 순서 등을 나타내는 부사구와 가정법, 부정어구, only, so, neither 등으로 강조하는 부사구·절이 문장 맨 앞에 올 때 도치가 일어난다.

장소부사구 + 동사 + 주어 + 관계대명사절

- Here[There] is the doll (that) you bought for me.

  여기에[거기에] + 인형이 있어 + 네가 나에게 사준.

강조부사구 + 조동사 + 주어 + 동사

- Only by practicing English can you improve.

  오직 영어를 훈련함으로써 + 너는 + 향상할 수 있어.

ⓑ 특정 단어를 강조하기 위해 'it is ~ that ~' 구문을 이용할 수 있다.

ex

It was yesterday that I saw him.
내가 그를 본 것은 어제였어.

ⓒ 장소부사가 문장 맨 앞으로 와도 장소부사 뒤에 콤마를 쓰면 주어, 동사를 도치시킬 필요가 없다.

ex

Only in the smoking areas, people can smoke.
오직 흡연구역에서만 흡연하실 수 있습니다.

---

* 동조의 의미로 **neither**와 **so**가 쓰이는데, 앞문장의 내용이 부정문이면 **neither**를, 긍정문이면 **so**를 써서 도치가 됩니다.

- I have three sisters. → So do I. = I do, too. 나는 세 자매가 있어. → 나도 그래.
- I am not tall. → Neither am I. = Me, neither. 나는 키가 크지 않아. → 나도 그래.

Tape을 듣고 색깔이 있는 부분을 강하게 발음하는 훈련을 하자.

1. 과거분사 부가구문을 만들어 보자.

1) 그 대성당은 1998년에 설립된 후, 목재 디자인으로 유명해졌어.

→ Built in 1998, the cathedral came to be famous for its wooden design.

2) 우리 마을에 위치한 아름다운 분수는 항상 사람들로 가득해.

→ Located in my country, the beautiful fountain is always full of people.

3) 그는 숲 속에서 발견되어 경찰서로 보내졌어.

→ Found in the woods, he was sent to the police station.

☑ **영어표현의 특징**

ⓐ 과거분사나 현재분사를 만들 때 동사 자체의 모양만 보고 능동과 수동을 구분할 수 없다. be p.p. 형태의 동사가 능동의 뜻처럼 쓰일 수도 있기 때문이다. bear가 '낳다'라는 뜻의 타동사이기 때문에 be born은 '태어나다'라는 능동의 뜻으로 쓰인다.

ex

나는 한국에서 태어났어.
I was born in Korea.

2. 도치된 문장을 연습해 보자.

1) 그는 그 학교를 졸업했는데, 나도 그랬어.

→ He graduated from the school, so did I.

2) 만약 네 충고가 없었다면, 나는 그걸 해내지 못했을 거야.

→ Had it not been for your advice, I wouldn't have made it. (If it had not~)

3) 우리는 한번도 그가 춤추는 걸 본 적이 없어.

→ Never have we seen him dance like that before.

◉ 동물을 본 경험에 대해 이야기해 보자.

- 어느 날 길에서 코끼리 한 마리를 보고 흥분해서, 나는 보자마자 도망갔다.
  Scared by an elephant, I ran away as soon as I saw it in the street one day.

- 그 코끼리는 너무 커서 모든 사람들이 두려워했다.
  The elephant was so big that everybody was afraid of it.

- 그렇게 큰 코끼리를 길에서 본 것은 처음이었다.
  Never have I seen a big elephant like that before in the street.

- 오직 동물원에서만 코끼리를 볼 수 있기 때문이다.
  Because you can only see a big elephant in the zoo.

☑ 영어표현의 특징

ⓑ 동사 중에는 능동의 뜻과 수동의 뜻을 모두 갖는 동사도 있다. 그러므로 주어가 무엇이냐에 상관없이 능동으로도 수동으로도 쓰일 수 있다.

ex

This book reads well.
이 책은 쉽게 읽혀.
자동사로 그 자체가 수동의 의미

I usually read comic books.
나는 종종 만화책을 읽어.
타동사로 능동의 의미

Having gained some weight recently, I need to go on a diet.

요즘에 살이 쪄서 다이어트를 해야겠어.

What kind of diet?

어떤 다이어트를 하려고?

I'm going to skip dinner.

저녁을 굶을 거야.

That is not good for your health.

그건 건강에 안 좋아.

Why don't you try to do yoga?

요가를 해 보는 게 어때?

☑ **알고 싶은 미국 문화**

인스턴트 음식을 과다하게 섭취하고, 가까운 거리도 자동차로 이동하기 때문에 미국 성인들의 상당수가 비만에 시달리고 있다. 우리나라에서는 어떤 방법으로든 살을 빼는 행위를 다이어트라고 통칭하지만, 다이어트의 본래 의미는 건강을 위한 음식 조절이다. 미국에는 대형 헬스클럽 체인이 곳곳에 있고, 대학들이 저렴한 요금으로 체육관 gym 을 개방하므로 쉽게 이용할 수 있다. 이 외에 미국인들은 건강을 위해 조깅을 즐긴다.

5장 to부정사로 시작하는 부가구문

to부정사는 문장 내에서 명사가 하는 모든 역할 주어, 목적어, 보어 과 형용사 역할, 그리고 부사 역할을 할 수 있지만, **to부정사 부가구문**으로서 주절 앞에 쓰일 때에는 주로 목적을 나타내는 부사 역할을 한다. 그러나 to부정사는 주절의 주어와 동격으로 쓰일 수도 있으므로 형태만 보고는 품사를 알 수 없고, 문맥의 전후를 보고 뜻을 파악해야 한다.

1. 목적을 나타내는 to부정사 부가구문

to부정사 부가구문은 주절 앞에 쓰여 <u>주로 목적을 나타내는 부사 역할</u>을 할 수 있다.

to부정사~, 주절

이것은 기본!

ⓐ to부정사의 전치사 to는 명사 뒤에서 형용사 역할을 할 수 있는데, 다음의 to부정사가 쓰인 명사구는 의미상 '능력'이 외국어를 말할 수 없으므로 형용사로 쓰였다기보다는 동격으로 쓰였다고 말한다.

ex

ability to speak a foreign language

외국어를 말하는 능력

the attempt to solve the problem

그 문제를 풀어보려는 시도

to + 동원형 + 부사구, 주어 + 동사 + 목적어 + 부사구

- **To succeed at the work,** he did his best all the time.   목적

  그 일에서 + 성공하기 위해서, + 그는 노력했어 + 항상.

2. 명사의 꼬리표인 동격

<u>동격</u>이란 **명사를 수식하는** 말로 명사 앞이나 뒤에 붙어 명사를 꾸며주는데, 쉼표를 통해 명사와 연결한다.

동격(명), 주어(명사) + 동사 + 목적어 + 부사구

- **My alumnus,** Helen made a visit to my house.

  나의 동창인 헬렌이 + 방문했어 + 우리 집에.

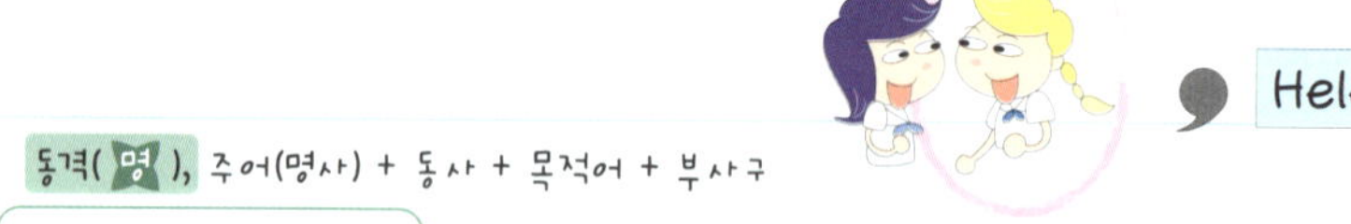

···➤ Helen is my alumnus. She made a visit to my house.

나의 동창이야. 그녀가 우리 집에 방문했어.

차근차근 트레이닝

1. to부정사 부가구문을 만들어 보자.

1) 건강하기 위해서, 당신은 체중을 좀 줄이셔야 합니다.

→ To be healthy, you should lose some weight.

2) 비밀을 지키기 위해, 난 그걸 말할 수 없어.

→ To keep the secret, I can never say that.

3) 그곳에 가려면, 100번 버스를 타세요.

→ To go there, take the number 100 bus.

2. 동격이 있는 문장을 연습해 보자.

1) 유명한 가수, Paul은 또한 화가야.

→ The famous singer, Paul is also a painter.

2) 그가 가장 좋아하는 음식, 피자는 건강에 좋지 않아.

→ His favorite food, pizza is not good for his health.

3) 그런 특별한 일을 할 기회는 두 번 다시 오지 않았어.

→ The chance to get such a special job didn't come again.

☑ **영어표현의 특징**

ⓐ 명확함을 좋아하는 것은 영어의 가장 큰 특징으로 영어 표현은 무엇이든 정확하게 표현하려는 의도를 반영한다는 것을 기억해야 한다. 따라서 빈도를 나타내는 부사 또한 발달되어 있다.

`ex`

always   항상
almost always   거의 항상
often, usually, sometimes   종종
not always   항상 그런 건 아니다
   긍정과 부정이 반반
hardly, rarely, seldom   거의 ~하지 않다
never   결코 ~하지 않다

2-A

◉ 다이어트에 대한 자신의 생각을 말해 보자.

• 체중을 줄이기 위해, 많은 사람들이 다이어트에 집착한다.
  To lose weight, many people concentrate their energy on diets.

☑ 영어표현의 특징

ⓑ 영어는 구분을 좋아한다. 그래서 특정 표현에는 특정 단어만 쓰는 특징이 있다.

ex

셀 수 있는 단어에는
many, (a) few
셀 수 없는 단어에는
much, (a) little

긍정의 답을 기대할 때의 질문에는 some
대답을 확신할 수 없을 때의 질문이나 부정문에는 any

명사를 강조할 때는 such
형용사·부사를 강조할 때는 so

감탄문에서 명사 앞에 what
형용사 앞에 how

복수를 총칭하여 뜻하는 all
단수 하나하나를 뜻하는 every

• 사람들은 꼭 체중을 줄이기 위해서가 아니라 예뻐지기 위해서 다이어트를 한다.
  They are on diets not just to lose weight but also to be pretty.

• 그러나 심한 다이어트는 건강에 해롭다.
  But serious diets are bad for their health.

• 건강하기 위해서, 꾸준한 운동이 가장 좋을 것이다.
  To be healthy, steady exercise would be best.

Swimming
수영

Practicing yoga
요가

Skipping rope
줄넘기

Aerobic dancing
에어로빅 댄스

Exercising in a fitness center
헬스클럽

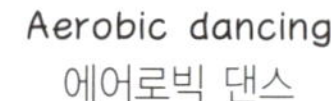

Excuse me. Can you tell me how to get to the bus stop?

실례합니다. 버스 정류장에 어떻게 가는지 알려주시겠어요?

Where are you going?

어디로 가실 건데요?

To the downtown shopping mall.

시내 쇼핑몰에 갈 거예요.

Then, you'll have to cross the street and go left for two blocks.

그러면 길을 건너서 왼쪽으로 두 블록 가세요.

Thank you very much.

정말 감사합니다.

☑ 알고 싶은 미국 문화

미국에서 비행기나 렌터카를 사용하지 않는 경우에는 그레이하운드 어메리패스 Greyhound Ameripass를 이용해서 여행할 수 있다. 그레이하운드 어메리패스란 한 장의 티켓으로 정해진 기간 동안 지역에 관계없이 원하는 만큼 얼마든지 버스를 이용할 수 있는 제도를 말한다. 그러나 장거리 여행을 할 때는 여러 가지가 불편할 수 있다.

여기서부터는 알파벳 발음과 기본 모음, 혼동하기 쉬운 자음을 모아놓았다.

Native Speaker가 녹음한 Tape의 실제 발음을 듣고 따라해 보자.

유창한 영어회화를 위해 가장 기본이 되는 것은 정확한 발음이므로 그림을 보며 큰소리로 따라해 보자.

Pronunciation

발음

Alphabet 알파벳

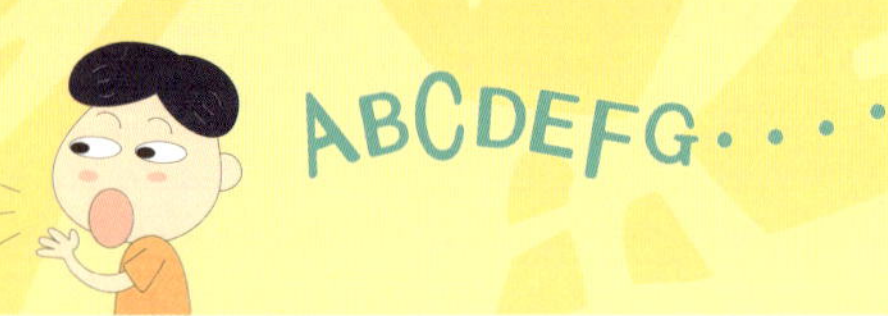

알파벳의 우리말 표기는 실제 영어발음과는 차이가 있으니 Tape에 녹음된 Native speaker의 발음을 따라 연습하세요.

A a [ei] 에이	B b [biː] 비-
C c [siː] 씨-	D d [diː] 디-
E e [iː] 이-	F f [ef] 에프
G g [dʒiː] 쥐-	H h [eitʃ] 에이취
I i [ai] 아이	J j [dʒei] 쥐웨이
K k [kei] 케이	L l [el] 엘

지름길 잉글리쉬

M m [em] 엠	**N n** [en] 엔
O o [ou] 오우	**P p** [piː] 피-
Q q [kjuː] 큐-	**R r** [aːr] 아얼
S s [es] 에스	**T t** [tiː] 티-
U u [juː] 유-	**V v** [viː] 비-
W w [dʌbljuː] 더블유-	**X x** [eks] 엑스
Y y [wai] 와이	**Z z** [ziː] 지-

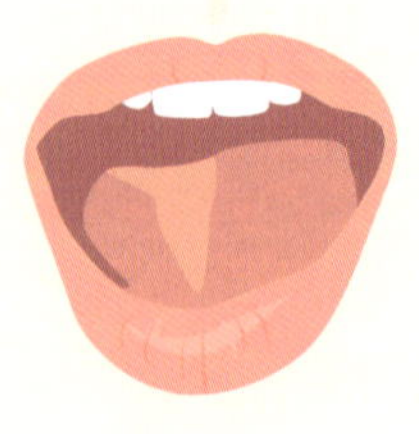

[a]

입을 크게 벌린 채 목구멍 깊은 곳에서부터 내는 [아]소리이다.

ho**t**　　**c**o**py**　　**sh**o**p**　　**t**o**p**

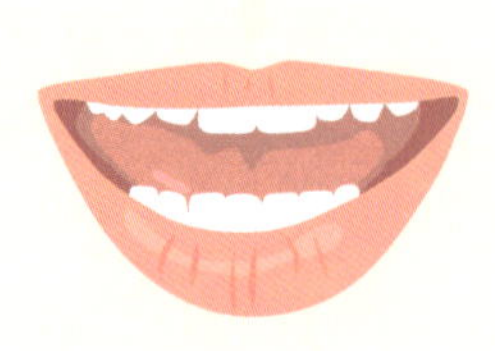

[e]

입을 아주 살짝 당기고 짧게 내는 소리로, 우리말 [에]소리와 비슷하다.

pe**n**　　**b**e**d**　　**r**e**d**　　**g**e**t**

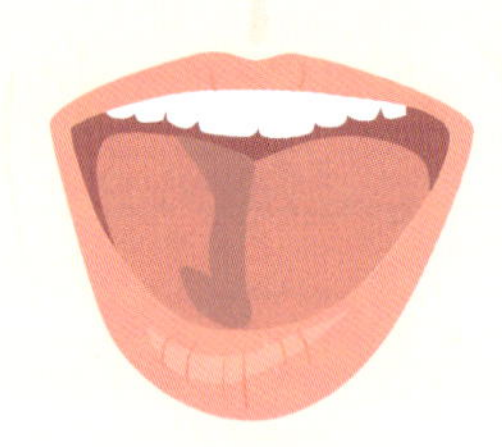

[æ]

우리말 [애]보다는 턱과 입을 더 크게 벌리고, 혀 앞쪽에서 짧게 내는 [애]소리이다.

ca**t**　　**g**a**s**　　**a**dd　　**b**a**d**

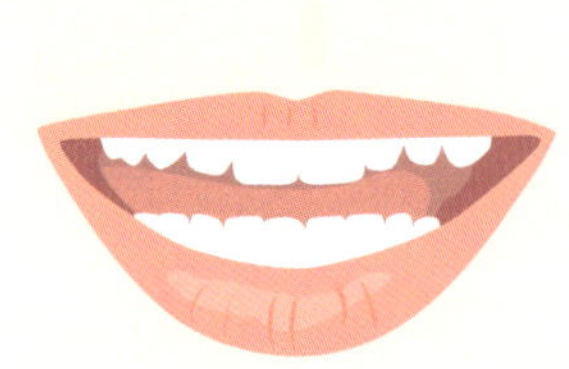

[i]

입을 양옆으로 아주 조금 벌리고, 짧게 발음하는 [이]와 [에]의 중간 소리이다.

gi**ve**　　**s**i**t**　　**b**i**g**　　**c**i**ty**

[ɔ]

입을 살짝 오므린 상태에서 턱을 떨어뜨리며 내는 [오]와 [아]의 중간 소리이다.

salt   dog   ball   long

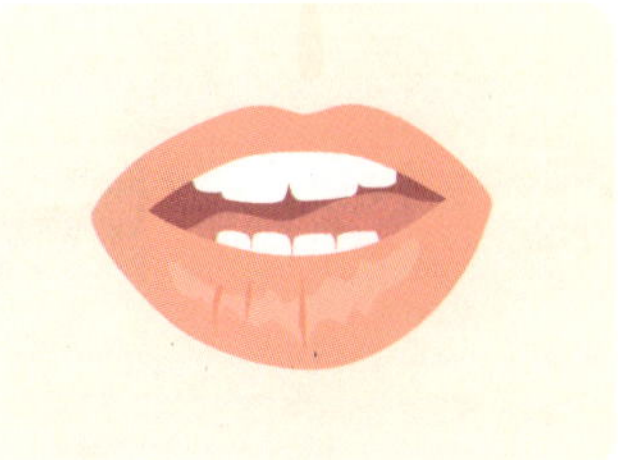

[u]

입술을 아주 살짝 오므리고 [으]에 가깝게 내는 짧은 [우]소리이다.

good   cook   put   blue

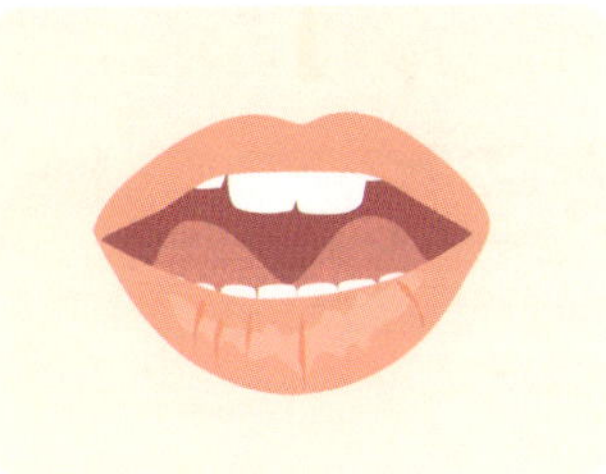

[ʌ]

입을 조금만 양옆으로 벌린 상태에서 짧게 내는 [아]와 [어]의 중간 소리이다.

club   puzzle   bus   cut

[ə]

입을 조금만 열고 힘을 뺀 상태에서, 약하게 내는 [어]소리이다.

pilot   alone   melon   cinema

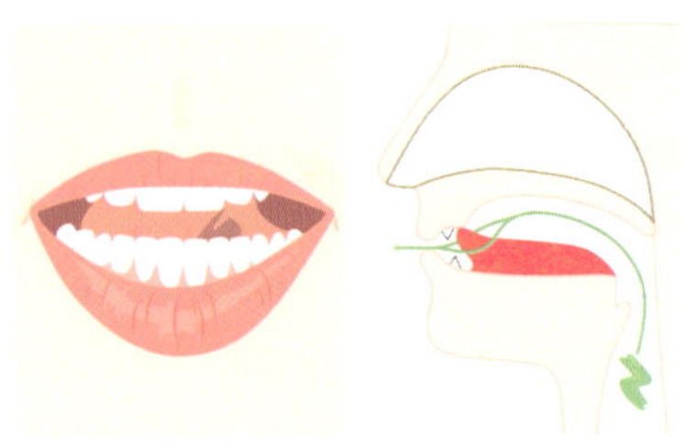

[l]

입 모양을 '을'로 하고, 혀끝을 윗니 뒤 잇몸
에 두고 강하게 밀면서 [르]하며 발음한다.

late : rate 늦은 : 비율, 요금

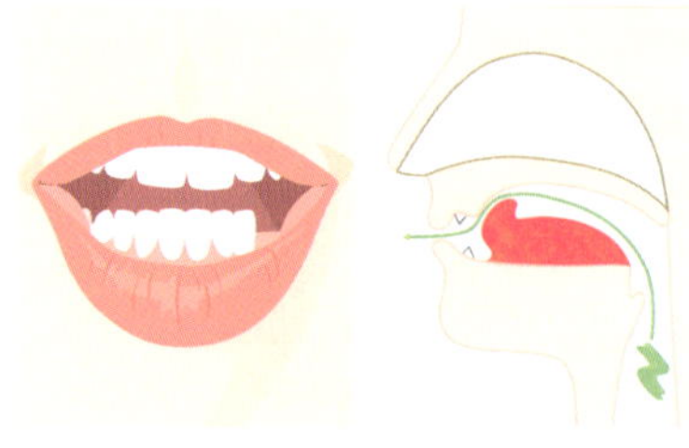

[r]

입 모양을 '우'로 하고 성대를 울리며 혀를
동그랗게 말아 목구멍 쪽으로 천천히 후진
시키며 발음한다.

light : right 빛 : 올바른

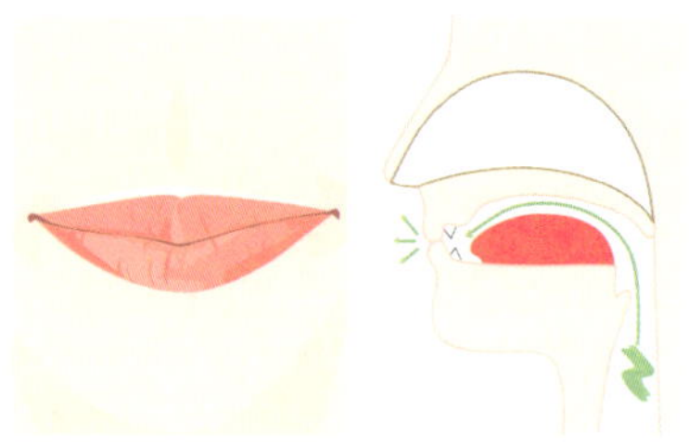

[b]

양 입술을 꼭 다물었다가 성대를 울리면서
입술을 떼면서 [브]하고 소리낸다.

bat : vat 야구방망이 : 큰 통

[v]

윗니를 아랫입술에 살짝 대고 성대를 울리
며 입안의 공기를 뺀다.

best : vest 최고의 : 조끼

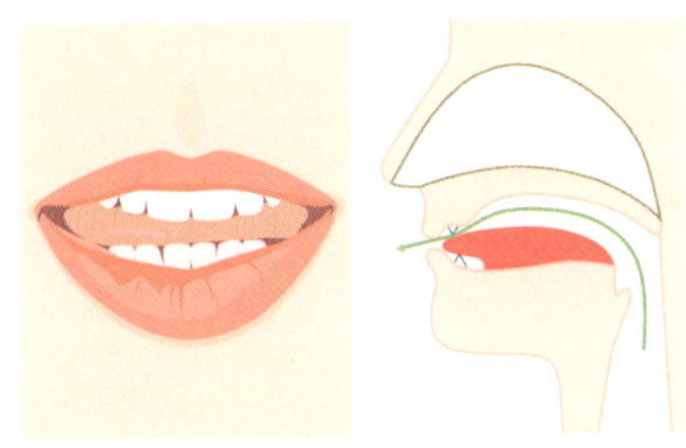

[θ]

혀끝을 윗니와 아랫니 사이에 살짝 걸쳐두고, 성대를 울리지 않고 입안의 공기를 천천히 입 밖으로 빼낸다.

bath : bathe 목욕 : 목욕시키다

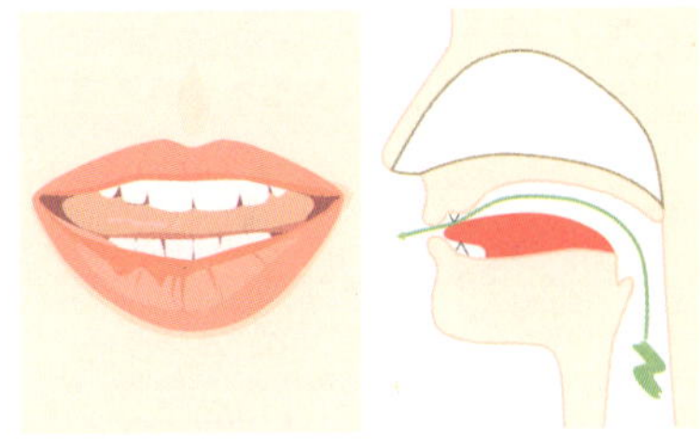

[ð]

혀끝을 윗니와 아랫니 사이에 살짝 걸쳐두고, 성대를 울리며 입안의 공기를 천천히 입 밖으로 빼낸다.

thank : than 감사하다 : ~보다

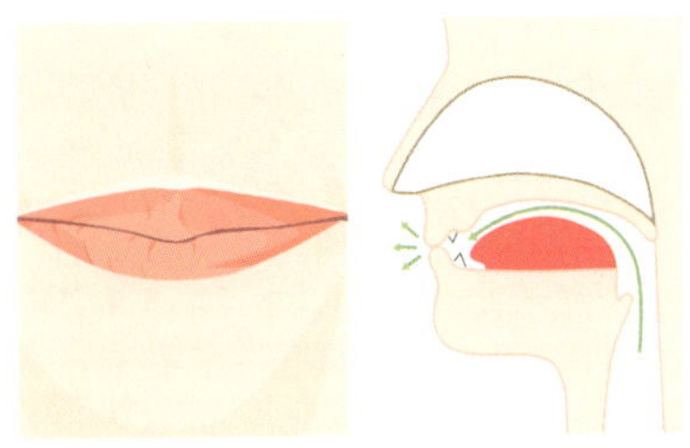

[p]

양 입술을 붙였다가 떼며 입안에 있는 공기를 순간 터뜨리며 내는 소리이다.

pine : fine 솔 : 좋은

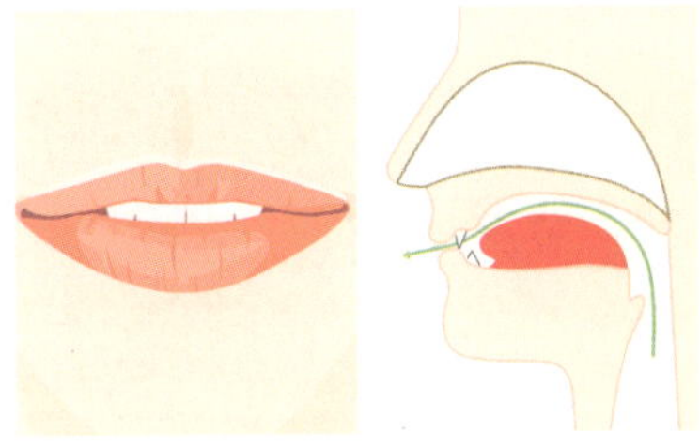

[f]

윗니를 아랫입술 안쪽에 살짝 댄 다음 [프]하고 입안의 공기를 밖으로 빼낸다.

leap : leaf 뛰어오르다 : 잎

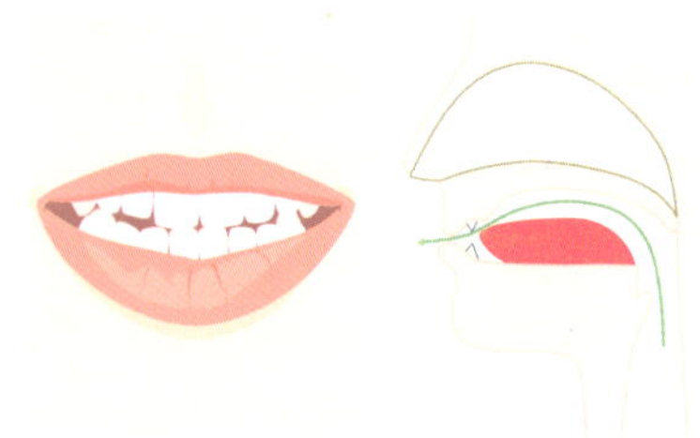

[s]

양 이를 다문 상태에서 이 틈새로 공기를 [스]하고 뺀다. 혀는 반드시 이 뒤에 위치해야 한다.

bus : buzz 버스 : 웅성대다

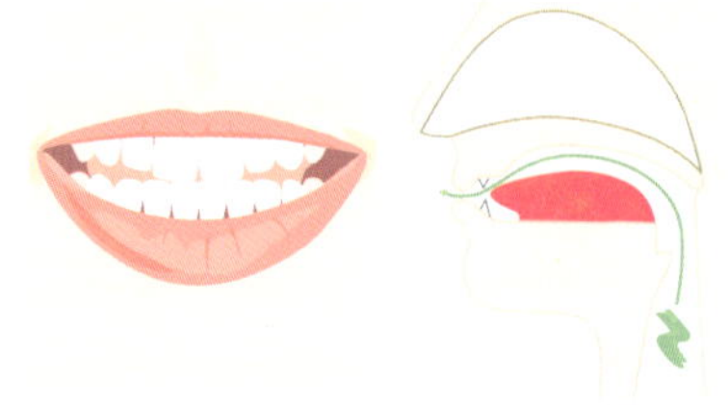

[z]

양 이를 꽉 다문 상태에서 성대를 울리며 입안의 공기를 이 틈새로 강하게 빼내는 소리이다.

rice : rise 쌀 : 오르다

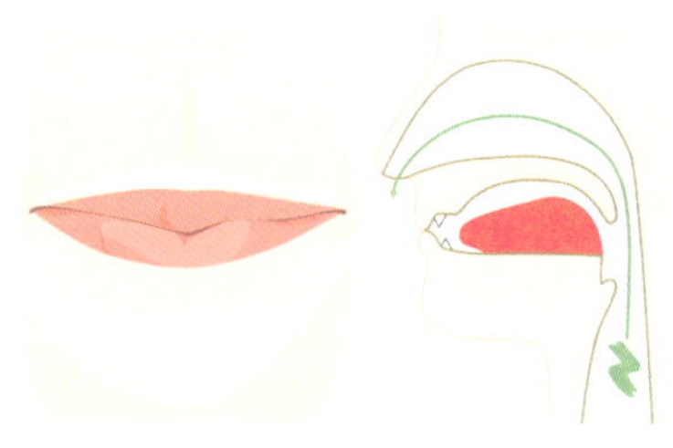

[m]

두 입술을 붙이고 성대를 울리며 콧등과 입안 전체를 진동시키며 내는 [음]소리이다.

might : night ~일지 모른다 : 밤

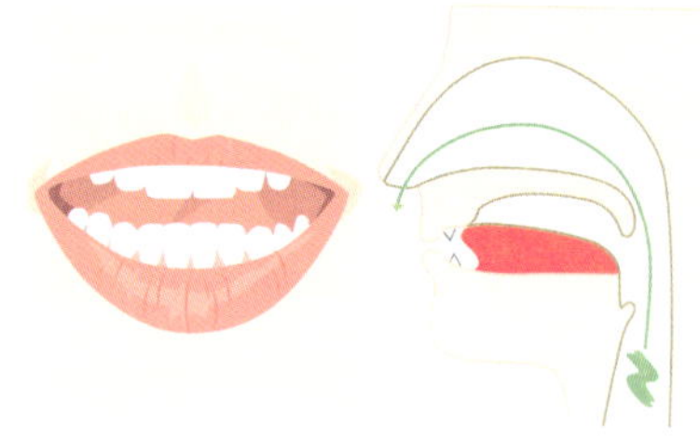

[n]

윗니 뒤 잇몸의 볼록한 자리에 혀끝을 대고, 그대로 성대를 울리며 내는 [은]소리이다.

seem : sin ~처럼 보이다 : 죄

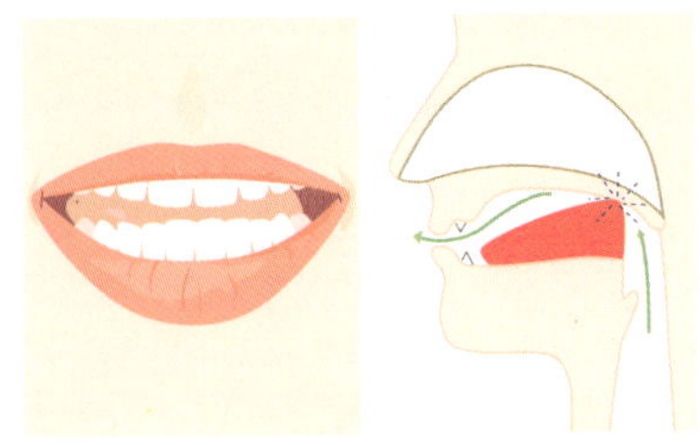

[k]

목젖 근처에서 공기가 막혔다가 순간 밖으로 빠지면서 나는 [크]소리이다.

Kate : gate 케이트 **인명** : 문

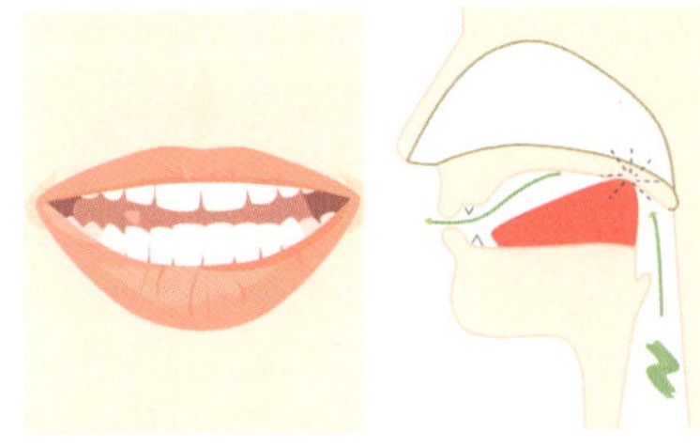

[g]

[k]와 같은 입모양으로 성대를 울리며 내는 [그]소리이다.

take : tag 잡다 : 꼬리표

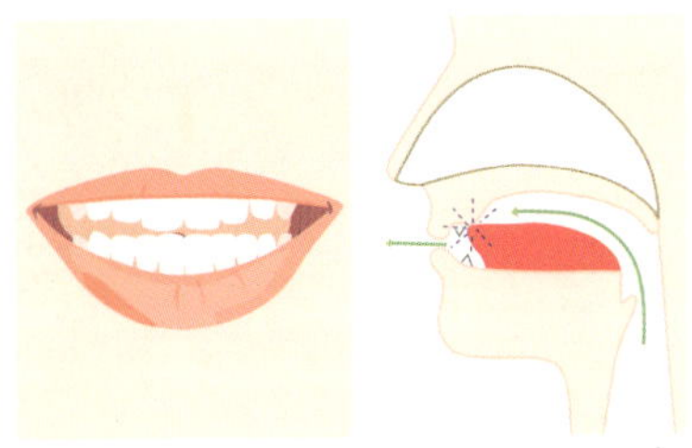

[t]

윗니 뒤 잇몸의 볼록한 부분에 혀끝을 대고 강하게 차면서 내는 [트]소리이다.

tour : door 여행 : 문

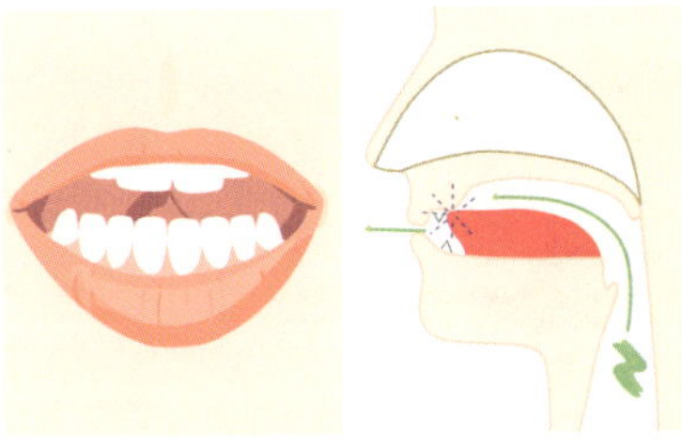

[d]

[t]처럼 윗니 뒤 잇몸의 볼록한 부분에 혀끝을 대고, 성대를 울리면서 내는 [드]소리이다.

bat : bad 야구방망이 : 나쁜

동사에는 과거 시제와 과거분사가 규칙적으로 변하는 규칙동사가 있는 반면에,

형태가 불규칙적으로 변하는 불규칙동사도 있다.

불규칙동사를 학습하는 데에는 왕도가 없다. 익숙해질 때까지 반복해서 연습해 보자.

불규칙동사의 변화 표

불규칙동사의 변화표 (동사원형 - 과거 - 과거분사)

A-A-A

A	A	A	뜻
bet	bet	bet	(돈 등을) 걸다
cost	cost	cost	(비용이) 들다
cut	cut	cut	자르다
fit	fit	fit	~에 맞다
hit	hit	hit	치다
hurt	hurt	hurt	다치게 하다
let	let	let	~시키다
put	put	put	놓다
read[ri:d]	read[red]	read[red]	읽다
upset	upset	upset	화나게 하다

A-B-A

A	B	A	뜻
become	became	become	~이 되다
come	came	come	오다
run	ran	run	달리다
rerun	reran	rerun	재방송하다

A	B	B	뜻
bring	brought	brought	가져오다
build	built	built	(건물을) 짓다
buy	bought	bought	사다
catch	caught	caught	잡다
deal	dealt	dealt	분배하다
feel	felt	felt	느끼다
fight	fought	fought	싸우다
find	found	found	발견하다
hang	hung	hung	걸다
have	had	had	가지다, 먹다
hear	heard	heard	듣다
hold	held	held	잡다
keep	kept	kept	유지하다
lay	laid	laid	놓다
leave	left	left	떠나다
lead	led	led	인도하다
lend	lent	lent	빌려주다
lose	lost	lost	잃다
make	made	made	만들다
mean	meant	meant	의미하다
meet	met	met	만나다
pay	paid	paid	지불하다
say	said	said	말하다

A - B - B

A	B	B	뜻
sell	sold	sold	팔다
send	sent	sent	보내다
sit	sat	sat	앉다
sleep	slept	slept	자다
spend	spent	spent	사용하다
teach	taught	taught	가르치다
tell	told	told	말하다
think	thought	thought	생각하다
win	won	won	이기다

A - B - C

A	B	C	뜻
be	was/were	been	~이다
bear	bore	born	낳다
begin	began	begun	시작하다
break	broke	broken	깨뜨리다
choose	chose	chosen	선택하다
do	did	done	하다
draw	drew	drawn	당기다
drink	drank	drunk	마시다
drive	drove	driven	몰다
eat	ate	eaten	먹다
fall	fell	fallen	떨어지다

A	B	C	뜻
fly	flew	flown	날다
forget	forgot	forgotten	잊다
forgive	forgave	forgiven	용서하다
get	got	gotten	가지다
give	gave	given	주다
go	went	gone	가다
grow	grew	grown	성장하다
hide	hid	hidden	숨기다
know	knew	known	알다
lie	lay	lain	거짓말하다
ride	rode	ridden	타다
ring	rang	rung	울리다
see	saw	seen	보다
show	showed	shown	보여주다
sing	sang	sung	노래하다
speak	spoke	spoken	말하다
steal	stole	stolen	훔치다
swim	swam	swum	수영하다
take	took	taken	쥐다
tear	tore	torn	찢다
wake	woke	woken	잠이 깨다
wear	wore	worn	입다
write	wrote	written	쓰다

to부정사와 동명사를 목적어로 갖는 동사 

 **to부정사를 목적어로 갖는 동사**

agree	동의하다
ask	묻다
care	마음쓰다
decide	결정하다
demand	요구하다
expect	기대하다
fail	실패하다
hope	～을 기대하다
learn	배우다
offer	제안하다
plan	계획하다
prepare	준비하다
refuse	거절하다
wait	기다리다
want	～을 원하다
wish	～이기를 바라다

 **동명사를 목적어로 갖는 동사**

avoid	피하다
delay	미루다
deny	부인하다
discuss	토론하다
dislike	싫어하다
enjoy	즐기다
finish	끝마치다
give up	포기하다
keep	유지하다
mind	꺼림칙하게 생각하다
miss	놓치다
recommend	추천하다
regret	후회하다
suggest	제안하다
understand	이해하다

 **to부정사와 동명사를 모두 목적어로 갖는 동사**

advice	충고하다	like	좋아하다
begin	시작하다	love	사랑하다
continue	계속하다	prefer	～을 선호하다
hate	싫어하다	start	시작하다

 지름길 잉글리쉬

Vocabulary

꼭 알아야 할

단어

★ 약어

n 명사　　v 동사　　a 형용사　　ad 부사　　pron 대명사

conj 접속사　　prep 전치사　　int 감탄사　　aux 조동사　　be be동사

Part I

P19 ● school [skuːl] 🄽 학교

elementary [èləméntəri] 🄰 초등의, 초보의

watch [wɔːtʃ] 🅅 지켜보다, 기다리다 🄽 조심, 주의, 손목시계

movie [múːvi] 🄽 영화 🄰 영화의

man [mæn] 🄽 사람 (pl. men[men])

tooth [tuːθ] 🄽 치아 (pl. teeth[tiːθ])

sheep [ʃiːp] 🄽 양 (pl. sheep)

deer [diər] 🄽 사슴 (pl. deer)

love [lʌv] 🄽 사랑, 애정, 호의 🅅 사랑하다, 매우 좋아하다

happiness [hǽpinis] 🄽 행복, 만족, 기쁨

Korea [kəríːə] 🄽 한국

Sunday [sʌ́ndei] 🄽 일요일 🄰 일요일의

air [ɛər] 🄽 공기, 외양

sugar [ʃúgər] 🄽 설탕 🅅 설탕을 치다, 설탕이 되다

eat [iːt-eit-íːtn] 🅅 먹다 eat – ate – eaten 🄽 음식, 식사

orange [ɔ́(ː)rindʒ] 🄽 오렌지 🄰 오렌지의

buy [bai-bɔːt-bɔːt] 🅅 사다, 받아들이다 buy – bought – bought
🄽 구입, 잘 산 물건

book [buk] **n** 책, 서적 **v** 기입하다, 예약하다

yesterday [jéstərdèi] **ad** 어제, 최근에 **a** 어제의

university [jùːnəvə́ːrsəti] **n** 대학교 **a** 대학의

like [laik] **v** 좋아하다 **prep** ~처럼, ~같이

coffee [kɔ́ːfi] **n** 커피, 커피열매, 커피색

give [giv-geiv-gívən] **v** 주다 give – gave – given

sun [sʌn] **n** 태양, 햇빛 **v** 햇빛을 쬐다, 햇빛에 말리다

pass [pæs-pæst-pæst] **v** 건네다, 지나가다, 통과하다
pass – passed – passed **n** 통과

hat [hæt] **n** 모자

go [gou-went-gɔ(ː)n] **v** 가다, 출발하다 go – went – gone

umbrella [ʌmbrélə] **n** 우산 **v** 우산으로 가리다

pen [pen] **n** 펜, 만년필

use [juːz] **v** 사용하다, 다루다, 대우하다 **n** 사용, 용도

computer [kəmpjúːtər] **n** 컴퓨터, 전자계산기

notebook [nóutbùk] **n** 공책, 수첩

I [ai] **pron** 나, 나는

my [mai] **pron** 나의 **int** 아이고, 저런

me [miː] **pron** 나를, 나에게, 나 자신을

mine [main] **pron** 나의 것, 나의 가족

we [wiː] **pron** 우리가, 우리들은

our [auər] **pron** 우리의, 우리들의

us [ʌs] **pron** 우리들을, 우리들에게

ours [auərz] **pron** 우리의 것

you [juː] **pron** 당신(들)이, 당신(들)에게

your [juəːr] **pron** 당신(들)의

yours [juə:rz] `pron` 당신(들)의 것

he [hi:] `pron` 그가, 그 사람이

his [hiz] `pron` 그의, 그의 것

him [him] `pron` 그를, 그에게

she [ʃi:] `pron` 그녀는

her [hə:r] `pron` 그녀를, 그녀에게

hers [hə:rz] `pron` 그녀의 것

they [ðei] `pron` 그것들은, 그들은

their [ðɛər] `pron` 그것들의, 그들의

them [ðem] `pron` 그(것)들은, 그(것)들에게

theirs [ðɛərz] `pron` 그(것)들의 것

this [ðis] `pron` 이것은 `ad` 여기, 이곳

these [ði:z] `pron` 이것들은, 이것들의

that [ðæt] `pron` 저것은 `a` 그, 저(단수 명사)

those [ðouz] `pron` 그(것)들은 `a` 그, 저(복수 명사)

it [it] `pron` 그것은, 그것을

its [its] `pron` 그것의, 저것의

P27● red [red] `a` 빨간 `n` 빨강

apple [ǽpl] `n` 사과

delicious [dilíʃəs] `a` 맛있는, 향기로운, 유쾌한

interesting [íntəristiŋ] `a` 흥미 있는, 재미있는

good [gud] `a` 좋은, 친절한, 유익한, 유능한, 충분한

something [sʌ́mθiŋ] `n` 무언가, 어떤 것, 대단한 사람 `ad` 다소

strange [streindʒ] `a` 이상한, 낯선 `ad` 이상하게

anything [éniθìŋ]　**pron** 무언가, 어떤 것도　**ad** 조금이라도

cold [kould]　**a** 추운, 찬, 냉정한　**n** 감기

everything [évri:θiŋ]　**n** 모든 것, 가장 중요한 것　**pron** 무엇이든지

want [wɔ(:)nt]　**v** 원하다, 필요로 하다　**n** 필요

people [pí:pl]　**n** 사람들, 국민　**v** 살다, 살게 하다

live [liv]　**v** 살다, 생활하다, 존속하다

next door [nékstdɔ̀:r]　**ad** 이웃집에　**a** 이웃집의

day [dei]　**n** 낮, 하루, 시대

first [fə:rst]　**a** 첫 번째의, 최초의　**n** 첫째　**ad** 최초로

meet [mi:t-met-met]　**v** 마주치다, 만나다 meet – met – met　**n** 모임

who [hu:]　**pron** ~하는 (사람), 누구

whom [hu:m]　**pron** 누구를

which [hwitʃ]　**pron** 어느 것, 어느 사람

girl [gə:rl]　**n** 소녀, 젊은 여자

hair [hɛər]　**n** 털, 머리카락, 모직물

come down　**v** 내려가다, 내려오다, 흘러내리다. (값이) 내리다

waist [weist]　**n** 허리, (악기의) 잘록한 곳

student [stjú:dnt]　**n** 학생, 학자, 연구자

voice [vɔis]　**n** 목소리, 발언, 의견　**v** 목소리를 내다

very [véri]　**ad** 대단히, 매우, 몹시

loud [laud]　**a** (소리가) 큰, 시끄러운　**ad** 큰소리로

test [test]　**n** 시험, 검사　**v** 조사하다, 검사하다

surprise [sərpráiz]　**v** 놀라게 하다　**n** 놀람, 경악, 기습

everybody [évribàdi]　**pron** (각자) 모두, 누구나

P35● speak [spiːk-spouk-spóukən]　**v** 이야기하다, 말하다
speak – spoke – spoken

English [íŋgliʃ]　**n** 영어　**a** 영국의, 영어의

hobby [hábi]　**n** 취미, 도락

make [meik-meid-meid]　**v** 만들다, 제조하다, ~하게 하다
make – made – made

furniture [fə́ːrnitʃəːr]　**n** 가구, 부속품

think [θiŋk-θɔːt-θɔːt]　**v** ~라고 여기다, 생각하다
think – thought – thought

there [ðɛər]　**ad** 그곳에, 거기에서

sing [siŋ-sæŋ-sʌŋ]　**v** 노래하다, 지저귀다 sing – sang – sung
n 노래하기

interest [íntərist]　**v** ~에 흥미를 일으키게 하다, ~의 흥미를 끌다
n 관심, 중요성, 이익, 이자

play [plei]　**v** 놀다, 게임하다, 연주하다　**n** 놀이, 활동, 게임, 연극

basketball [bǽskitbɔ̀ːl]　**n** 농구, 농구공

admit [ədmít]　**v** 인정하다, 허가하다

enjoy [endʒɔ́i]　**v** 즐기다, 맛보다, 누리다

mind [maind]　**v** 꺼리다, 신경 쓰다　**n** 마음, 정신, 지성

dislike [disláik]　**v** 싫어하다　**n** 혐오, 반감

finish [fíniʃ]　**v** 끝내다, 마치다, 끝나다　**n** 완성, 마지막

give up　**v** 포기하다, 그만두다, 양보하다

advise [ədváiz]　**v** 권하다, 충고하다, 조언하다

consider [kənsídər]　**v** 고려하다, 숙고하다

suggest [səgdʒést]　**v** 제안하다, 암시하다

drink [driŋk-dræŋk-drʌŋk]
v 마시다, 흡수하다 drink – drank – drunk　**n** 마실 것, 한 잔

every [évriː]　**a** 모든 ~, 어느 ~도

 지름길 잉글리쉬

morning [mɔ́ːrniŋ] **n** 아침, 오전 **a** 아침의

remember [rimémbəːr] **v** 기억하다, 생각해 내다

house [haus] **n** 집, 의회 **v** 수용하다

before [bifɔ́ːr] **ad** 앞에, ~ 이전에

swim [swim-swæm-swʌm] **v** 수영하다, 헤엄치다
swim – swam – swum **n** 수영

young [jʌŋ] **a** 어린, 젊은, 새로운

work [wəːrk] **v** 일하다, 작동하다 **n** 일, 노동, 공부

P41 ● fast food [fǽst fúːd] **n** 패스트푸드, 간이 식품 **a** 즉석 요리의

convenient [kənvíːnjənt] **a** 편리한, 형편 좋은

mother [mʌ́ðəːr] **n** 어머니 **a** 어머니 같은, 모국의 **v** 어머니가 되다

climb [klaim] **v** (산에) 오르다 **n** 등산

choose [tʃuːz-tʃouz-tʃóuzn] **v** 고르다, 선택하다
choose – chose – chosen

open [óupən] **v** 열다, 개방하다, 열리다
a 열린, 개방된, 비어 있는, 솔직한

new [njuː] **a** 새로운, 신선한

restaurant [réstərənt] **n** 음식점, 식당

so [sou] **ad** 정말, 그렇게 **conj** 그래서

fun [fʌn] **n** 즐거운 경험, 장난, 놀이 **a** 유쾌한, 재미있는

read [riːd-red-red] **v** 읽다, 이해하여 읽다 read – read – read
n 독서

comic book [kámik buk] **n** 만화책

dream [driːm] **n** 꿈, 몽상, 공상, (꿈처럼) 멋진 것[일, 사람]
v 꿈을 꾸다, 공상[상상]하다

happily [hǽpili] **ad** 행복하게, 즐겁게, 운 좋게

time [taim] **n** 시간, 때, 시기, 시대

take [teik-tuk-téikən] **v** 손에 쥐다, 취하다, 가지고 가다, (차를) 타다
take - took - taken **n** 포획, 취득

break [breik-brouk-bróukən] **n** 휴식, 갈라진 틈 **v** 깨트리다,
어기다, 깨어지다, (관계를) 끊다 break - broke - broken

sorry [sɔ́:ri] **a** 슬픈, 유감스러운

keep [ki:p-kept-kept] **v** 계속하다, 유지하다, 계속 ~하게 하다
keep - kept - kept

wait [weit] **v** 기다리다, 준비되어 있다

long [lɔ:ŋ] **a** 오랫동안, 장시간, 긴, 오랜 **v** 간절히 바라다, 동경하다

want [wɔ(:)nt] **v** 원하다, 필요로 하다, 부족하다 **n** 필요

healthy [hélθi] **a** 건강한, 건전한, 유익한

glad [glæd] **a** 기쁜, 반가운 **v** 기쁘게 하다

hear [hiər-hə:rd-hə:rd] **v** 듣다, 들리다 hear - heard - heard

news [nju:z] **n** 뉴스, (신문) 기사 **v** 뉴스를 말하다

hope [houp] **v** 바라다, 기대하다 **n** 희망, 기대

decide [disáid] **v** 결정하다, 결심하다, 해결하다

prepare [pripέər] **v** 준비하다, 대비하다

plan [plæn] **v** 계획하다, 설계하다 **n** 계획, 도면, 윤곽

expect [ikspékt] **v** 기대하다, 예상하다, 예정되어 있다

refuse [rifjú:z] **v** 거절하다, 거부하다

agree [əgrí:] **v** 동의하다, 일치하다

learn [lə:rn-lə:rnd-lə:rnt] **v** 배우다, 알다, 익히다
learn - learned - learnt

promise [prámis] **n** 약속, 계약, 희망, 가망 **v** 약속하다, 기대하다

taxi [tǽksi] **n** 택시 **v** 택시로 가다

 지름길 잉글리쉬

begin [bigin-bigǽn-bigʌ́n] 🆅 시작하다, 시작되다
begin – began – begun

start [staːrt] 🆅 출발하다, 시작하다, 출발시키다, 시작되다
🅽 출발, 개시, 착수

hate [heit] 🆅 싫어하다, 미워하다, 증오하다 🅽 혐오, 증오

continue [kəntínjuː] 🆅 계속하다, 지속하다

dance [dæns] 🆅 춤추다, 날뛰다 🅽 춤, 댄스

forget [fərgét-fərgát-fərgátn] 🆅 잊다, 망각하다
forget – forgot – forgotten

stop [stap] 🆅 멈추다, 중단하다 🅽 멈춤, 중지

need [niːd] 🆅 필요하다, 부족하다, ~할 필요가 있다 🅽 필요, 결핍, 부족

try [trai] 🆅 시도하다, 시험하다, 노력하다 🅽 시도, 시험, 노력

french fries [frentʃ fraiz] 🅽 감자 튀김

any [éni] 🅰 어떤, 무언가의, 얼마간의 🆎 다소

more [mɔːr] 🅰 더 많은, 더 큰 🆎 더 많이

another [ənʌ́ðər] 🅰 또 하나의 🅽 별개의 것

activity [æktívəti] 🅽 활동, 사업, 운동

P49● become [bikʌ́m-bikéim-bikʌ́m] 🆅 ~이 되다, ~에 어울리다
become – became – become

teacher [tíːtʃər] 🅽 선생, 교사

great [greit] 🅰 거대한, 위대한, 굉장한 🅽 위대한 것, 훌륭한 사람

shock [ʃɔk] 🅽 충격, 타격 🆅 충격을 주다. 깜짝 놀라게 하다

believe [bilíːv] 🆅 믿다, 신용하다, 생각하다

right [rait] 🅰 옳은, 적절한, 오른쪽의 🆎 바르게, 옳게
🅽 올바름, 정의, 권리 🆅 바로잡다, 고치다

whether [hwéðər] 🆑 ~인지 어떤지

know [nou-nju:-noun] v 알고 있다, 식별할 수 있다
know - knew - known

tall [tɔ:l] a 키 큰, 높이가 ~인

not [nat] ad ~않다, ~아니다

unknown [ʌnóun] a 알려지지 않은, 알 수 없는

trouble [trʌ́bl] n 문제, 고생, 걱정, 수고, 불화
v 걱정시키다, 걱정하다, 수고하다

study [stʌ́di] v 공부하다, 연구하다, 배우다 n 공부, 연구, 학문

what [hwat] pron 무엇, 어떤 것 ad 얼마나

when [hwen] ad 언제 conj ~ 때에

where [hwεər] ad 어디에, 어디에서

why [hwai] ad 왜, ~라는 이유로

how [hau] ad 어떻게, 어떤 상태로

발음 기호 [ə]에 대해서

[ə] about [əbáut], banana [bənǽnə] 처럼 [ə]는 약한 모음으로 언제나 약하게 악센트가 없는 음절에서만 쓰이는 애매한 모음이다.

happy [hǽpi], pretty [príti] 등에서 어미의 약한 [i]는 미국식 발음에서는 혀를 올려 [i:]에 가깝게 발음하는 일이 많다. 한편 영국식 발음에서는 반대로 혀를 악센트가 붙은 [i] 정도로 높이지 않고 [e]나 [ə]에 가깝게 발음한다. 또 단어 속의 약한 [i]는 다시 [ə]로 발음되는 일이 많은데, 이런 경향은 특히 미국식 발음에서 강하다. ▸ 동아 프라임 영한사전 중...

예 university [jù:nəvə́:rsəti] <P183 단어>

Part Ⅱ

P59● **policeman** [pəlíːsmæn] n 경찰관, 순경

cute [kjuːt] a 영리한, 귀여운, 예쁜

dress [dres] v 옷을 입히다, 정장시키다, 옷을 입다, 정장하다 n 정장, 복장

well [wel] ad 잘 n 우물, 좋음, 건강, 행복 v 솟아나오다

smell [smel] v 냄새가 나다, 냄새를 맡다 n 냄새, 향기, 후각

taste [teist] v 맛이 나다, 맛을 보다 n 미각, 시식

sour [sáuər] a 시큼한, 신

look [luk] v ~하게 보이다, 보다 n 봄, 안색, 외관

happy [hǽpi] a 행운의, 기쁜, 행복한, 즐거운

sound [saund] v (소리가) 들리다, 소리 나게 하다 n 음향, 음 a 건전한, 착실한

feel [fiːl-felt-felt] v 만지다, 느끼다 feel – felt – felt n 느낌, 촉감

tired [taiərd] a 피로한, 지친

as [æz] ad conj ~만큼, ~정도로, ~처럼

both [bouθ] a 양쪽의 pron 둘 다

than [ðæn] conj ~에 비해 prep ~보다

beautiful [bjúːtəfəl] a 아름다운, 훌륭한

get [get-gat-gátn] v 얻다, 획득하다, 받다 get – got – gotten

grow [grou-gruː-groun]　**v** 성장하다, ～이 되다, 키우다
grow - grew - grown

cold [kould]　**a** 추운, 찬, 냉정한, 냉담한

cheap [tʃiːp]　**a** (값이) 싼 **ad** 싸게

better [bétər]　**a** 보다 좋은 **ad** 보다 좋게 **n** 보다 나은 것(사람)
v 개선하다, 나아지다

world [wəːrld]　**n** 세계, 지구, 분야 **a** 세계적인

building [bíldiŋ]　**n** 건물, 건축

city [síti]　**n** 도시, 시

friend [frend]　**n** 친구, 후원자

much [mʌtʃ]　**ad** 매우, 대단히, 몹시 **a** (양이) 많은

still [stil]　**ad** 더욱, 여전히, 아직, 벌써 **a** 잔잔한

even [íːvən]　**ad** 더욱, ～조차, ～까지도

drive [draiv-drouv-drívən]　**v** 몰다, 운전하다, 쫓아버리다
drive - drove - driven **n** 몰아냄, 드라이브

little [lítl]　**ad** (양, 규모를 나타낼 때) 조금(부정), a little 조금(긍정)
a (크기가) 작은, (양이) 적은

slow [slou]　**a** 느린, 침체한, 더딘

is [iz]　**be** ～이다, 어떠하다(be동사의 3인칭 단수 현재)

are [aːr]　**be** ～이다(be동사의 2인칭 단·복수 현재)

was [waz]　**be** ～이다(be동사의 1·3인칭 단수 과거)

were [wəːr]　**be** ～이다(be동사의 2인칭 복수 과거, 가정법 단·복수)

do [duː]　**v** ～하다(대동사), 정말, 꼭(강조용법)

does [dʌz]　**v** do의 3인칭 단수 현재

did [did]　**v** do의 과거

yesterday [jéstərdèi]　**ad** 어제, 최근, 요즘

live [liv]　**v** 살다, 생활하다, 존속하다

P67 ● **fly** [flai]　**v** 흐르다, ～을 휘날리다, 날다, 날리다　**n** 날기, 비상

fast [fæst]　**ad** 빨리, 꽉　**a** 빠른, 단단한

will [wil]　**aux** ～일 것이다, ～할 것이다

would [wud]　**aux** ～일지도 모른다, ～할 것이다, ～하려고 했다

can [kæn]　**aux** ～일 수 있다, ～할 수 있다, ～해도 좋다, ～이었을지도 모른다

could [kud]　**aux** ～할 수 있었다, ～해도 좋다, ～일 것이다

may [mei]　**aux** ～해도 좋다, ～일지도 모른다

might [mait]　**aux** ～일지도 모른다, ～이었는지도 모른다, ～해도 좋다

shall [ʃæl]　**aux** ～일 것이다, ～하겠다

should [ʃud]　**aux** ～일지도 모른다, ～하는 게 좋다

must [mʌst]　**aux** ～해야 한다, ～임에 틀림없다

be [bi]　**be** ～이다, ～해야 한다, ～할 예정이다, ～할 운명이다

free [friː]　**a** 자유로운, 무료의, 얽매이지 않는　**ad** 자유롭게　**v** 자유롭게 하다

tomorrow [təmɔ́ːrou]　**ad** 내일, 장래

able [éibl]　**a** ～할 수 있는, 능력 있는

ought [ɔːt]　**aux** ～하는 게 좋다, ～하기로 되어 있다, ～할 것이다

have to [hæf tuː]　**aux** ～해야만 한다

had better [hæd bétər]　**aux** ～하는 편이 좋다

walk [wɔːk]　**v** 걷다　**n** 걷기, 산책

very [véri]　**ad** 매우, 대단히, 몹시

carefully [kɛ́ərfəli]　**ad** 주의 깊게, 신중히, 검소하게

steps [steps]　**n** 계단, 걸음

sick [sik]　**a** 병에 걸린, 핼쑥한

train [trein]　**n** 열차, 기차　**v** 가르치다, 훈련하다

now [nau]　**ad** 지금, 현재　**a** 오늘날의

nice [nais] **a** 좋은, 훌륭한, 아름다운, 맛있는

company [kʌ́mpəni] **n** 회사, 떼, 사람들, 단체, 회합

P75● carry [kǽri] **v** 운반하다, 나르다, 가지고 있다, 휴대하다 **n** 운반, 육로

bag [bæg] **n** 가방, 자루, 부대 **v** 자루에 넣다

wash [wɔ(ː)ʃ] **v** 씻다, 세탁하다, 빨다 **n** 세탁

show [ʃou] **v** 보여주다, 안내하다, 나타나다

send [send-sent-sent] **v** 보내다, (사람을) 파견하다
send – sent – sent

give [giv-geiv-gívən] **v** 주다, 전하다 give – gave – given

pay [pei] **v** 지불하다, 치르다, 이익이 되다 **n** 지불, 보수

tell [tel-tould-tould] **v** 말하다, 이야기하다, 구별하다
tell – told – told

together [təgéðər] **ad** 함께, 같이, 모두

P81● pencil [pénsəl] **n** 연필 **v** 연필로 쓰다

lend [lend-lent-lent] **v** 빌려주다 lend – lent – lent **n** 차용

car [kaːr] **n** 차, 자동차

sell [sel-sould-sould] **v** 팔다, 팔리다 sell – sold – sold **n** 판매

teach [tiːtʃ-tɔːt-tɔːt] **v** 가르치다, 훈련하다, 길들이다
teach – taught – taught

ask [æsk] **v** 묻다, 바라다, 요구하다

demand [dimǽnd] **v** 요구하다, 묻다 **n** 요구, 수요

pretty [príti] **a** 예쁜, 귀여운, 훌륭한 **ad** 꽤, 매우

ring [riŋ] **n** 고리, 반지, 귀걸이, 울림 **v** (벨을) 울리다, (소리가) 울려퍼지다

 지름길 잉글리쉬

exciting [iksáitiŋ] **a** 흥분시키는, 자극적인

game [geim] **n** 게임, 놀이, 경기 **a** 사냥의 **v** 겨루다

dog [dɔ(ː)g] **n** 개 **v** 개로 추적하다

picture [píktʃər] **n** 그림, 회화, 사진, 경치
v 그리다, 묘사하다, 상상하다

P87● find [faind-faund-faund] **v** 찾아내다, 발견하다
find – found – found **n** 발견

refer [rifə́ːr] **v** 언급하다, 조회하다, 보내다

speak [spiːk] **v** 이야기하다, 말하다

call [kɔːl] **v** 부르다, ~라고 이름 짓다 **n** 부르는 소리, 전화, 방문, 소집

name [neim] **v** 이름을 짓다 **n** 이름, 명성

humorous [hjúːmərəs] **a** 익살스러운, 유머가 풍부한

see [siː-sɔː-siːn] **v** 보다, 만나다, 깨닫다 see – saw – seen

notice [nóutis] **v** 인지하다, 언급하다 **n** 주의, 주목, 통지

run [rʌn-ræn-rʌn] **v** 달리다, 계속하다, 운영하다 run – ran – run
n 뛰기, 경주, 노선

TV [tíːvíː] **n** 텔레비전

please [pliːz] **ad** 제발, 부디 **v** 기쁘게 하다

quiet [kwáiət] **a** 조용한, 고요한 **n** 고요, 평정 **v** 가라앉히다

lovely [lʌ́vli] **a** 사랑스러운, 귀여운, 멋진

thank [θæŋk] **v** ~에게 감사를 표하다 **n** 감사

p93● **have** [hæv-hæd-hæd]　ⓥ 가지고 있다, 소유하다, ~하게 하다
have – had – had

let [let-let-let]　ⓥ 시키다, ~하게 하다 let – let – let

doctor [dάktər]　ⓝ 박사, 의사 ⓥ 진료하다, 치료하다

patient [péiʃənt]　ⓝ 환자 ⓐ 인내심이 강한, 잘 견디는

everyday [évridèi]　ⓐⓓ 매일 ⓐ 매일의, 일상의

compel [kəmpél]　ⓥ 억지로 ~시키다

cause [kɔːz]　ⓥ 원인이 되다, ~을 일으키다 ⓝ 원인, 이유

urge [əːrdʒ]　ⓥ ~하도록 재촉하다, 촉구하다

order [ɔ́ːrdər]　ⓥ 명령하다, 주문하다, 배열하다 ⓝ 명령, 순서, 정돈

permit [pəːrmít]　ⓥ ~하도록 내버려두다, 허락하다 ⓝ 허가, 면허

again [əgén]　ⓐⓓ 다시, 또

would like to [wud laik tu]　ⓐⓤⓧ ~하고 싶다

require [rikwáiəːr]　ⓥ 요구하다, 필요로 하다

warn [wɔːrn]　ⓥ 경고하다, 알리다

encourage [enkə́ːridʒ]　ⓥ 권하다, 격려하다

leave [liːv-left-left]　ⓥ 남기다, 떠나다, 중지하다 leave – left – left
ⓝ 허가, 휴가

paint [peint]　ⓥ 페인트를 칠하다, 그리다 ⓝ 페인트

wrong [rɔːŋ]　ⓐⓓ 잘못, 나쁘게 ⓐ 그릇된, 잘못된

blue [bluː]　ⓐ 푸른, 하늘빛의, 창백한 ⓝ 파랑 ⓥ 푸른빛으로 하다

guest [gest]　ⓝ 손님 ⓥ 손님으로 대접하다

comfortable [kʌ́mfərtəbl]　ⓐ 기분 좋은, 편한

지름길 잉글리쉬

P99 ● snow [snou]　ⓥ 눈이 내리다　ⓝ 눈

airport [ɛ́ərpɔ̀ːrt]　ⓝ 공항

close [klouz]　ⓥ (눈을) 감다, (문을) 닫다, 끝내다, (문이) 닫히다　ⓝ 종결
ⓐ 가까운, 닫은

elect [ilékt]　ⓥ 선거하다, 선택하다

solve [salv]　ⓥ 해결하다, 풀다

welfare [wélfɛ̀ər]　ⓝ 복지, 후생

problem [prábləm]　ⓝ 문제, 귀찮은 일

practice [préktis]　ⓥ 실행하다, 연습하다, 훈련하다　ⓝ 실행, 연습

improve [imprúːv]　ⓥ 개선하다, 좋아지다, 향상하다

quickly [kwíkli]　ⓐⓓ 빠르게, 곧

win [win-wʌn-wʌn]　ⓥ 이기다, 획득하다, win- won – won
ⓝ 승리, 성공

child welfare [tʃaild wélfɛ̀ər]　ⓝ 아동 복지

truth [truːθ]　ⓝ 진리, 사실

save [seiv]　ⓥ 구하다, 모으다, (수고를) 덜다

a lot of　ⓐ (수·양이) 많은

money [mʌ́ni]　ⓝ 돈, 금전, 재산, 부

handsome [hǽnsəm]　ⓐ 잘생긴, 단정한

movie actor [múːvi ǽktər]　ⓝ 영화 (남)배우

wish [wiʃ]　ⓥ 바라다, 원하다　ⓝ 소원, 희망

abroad [əbrɔ́ːd]　ⓐⓓ 해외로, 널리

then [ðen]　ⓐⓓ 그때, 그 당시

Part Ⅲ

P109 ● arrive [əráiv] **v** 도착하다, 도달하다

next [nekst] **a** 다음의 **pron** 다음 사람 **ad** 다음에

week [wi:k] **n** 주, 일주간

imply [implái] **v** 함축하다, 의미하다

lose [lu:z-lɔ(ː)st-lɔ(ː)st] **v** 잃다, 늦다, 줄다, 감소하다
lose – lost – lost

no [nou] **a** ~이 없는 **n** ~없음, ~반대

build [bild] **v** 세우다, 건축하다 **n** 구조, 골격

church [tʃə:rtʃ] **n** 교회, 예배 **v** 교회에 데리고 가다

month [mʌnθ] **n** 달, 월

past [pæst] **n** 과거 **a** 지난간, 과거의 **prep** ~을 지나서

just [dʒʌst] **ad** 정확히, 바로, 꼭

already [ɔːlrédi] **ad** 이미, 벌써

so far [sou faːr] **ad** 지금까지

recently [ríːsntli] **ad** 최근에

lately [léitli] **ad** 요즈음, 최근에

since [sins] **conj** **prep** ~이후로 (지금까지)

for [fɔːr] **prep** ~동안, ~을 위해, ~을 향해

once [wʌns] ad 한 번 conj 일단 ~하면 a 이전의

twice [twais] ad 두 번, 두 배로

before [bifɔ́ːr] ad 앞에 conj ~이전에

never [névər] ad 결코 ~한 적이 없다

p115. painter [péintər] n 화가, 페인트공

ago [əgóu] ad 전에 (현재를 기준으로 과거)

come [kʌm-keim-kʌm] v 오다, 생기다, ~하게 되다
come – came – come

home [houm] ad 집으로 n 가정, 고향 a 가정의, 주요한

paper [péipər] n 종이, 서류, 신문, 논문

decide [disáid] v 결정하다, 해결하다

cry [krai] v 소리치다, 울다 n 외침, 울음소리

cut [kʌt-kʌt-kʌt] v 베다, 절단하다, 깎다 cut – cut – cut

sleep [sliːp-slept-slept] v 잠자다, 활동하지 않다
sleep – slept – slept

writer [ráitər] n 작가, 필자

year [jiər] n 년(年), 해, 1년간

race [reis] n 경주, 경마, 인종, 민족, 혈통 v 경주하다, 경쟁하다

rain [rein] v 비가 오다, 비를 내리다 n 비

during [djúəriŋ] prep ~동안, ~ 사이에

already [ɔːlrédi] ad 이미, 벌써

yet [jet] ad 아직, 벌써, 더욱

ever [évər] ad 일찍이, 이제까지, 언젠가

falling star [fɔ́ːliŋ staːr] n 유성, 별똥별

last [læst] a 지난, 최후의 ad 최근에 v 지속하다

night [nait] **n** 밤, 저녁, 어둠 **a** 야간의

exam [igzǽm] **n** 시험

a lot (= lots) **ad** 대단히, 크게

angry [ǽŋgri] **a** 화난, (파도·바람이) 격심한

breakfast [brékfəst] **n** 아침 식사

used to [juːstu] **aux** ~하곤 했다

window [wíndou] **n** 창문, 창구, 매표구

do one's best **v** 최선을 다하다

P123● a.m. [éiém] **n** 오전

p.m. [píːém] **n** 오후

boss [bɔ(ː)s] **n** 두목, 주인, 고용주

meeting [míːtiŋ] **n** 만남, 모임, 집회

at [æt] **prep** (위치, 장소, 시간 등) ~에, ~에서

rock [rak] **n** 바위, 암석 **a** 돌 같은 **v** 돌로 치다

fall [fɔːl-fel-fɔ́ːlən] **v** 떨어지다, 내리다, 넘어지다 fall – fell – fallen **n** 낙하, 가을

enough [ináf] **a** 충분한 **ad** ~할 만큼, 충분히

by [bai] **prep** ~까지, ~옆에, ~곁에, ~을 지나

here [hiər] **ad** 여기에서, 여기

April [éiprəl] **n** 4월

resemble [rizémbl] **v** ~와 닮다, 공통점이 있다

own [oun] **v** 소유하다, 인정하다 **a** 자기 자신의, 고유한

suppose [səpóuz] **v** 가정하다, 상상하다, 추측하다

intend [inténd] **v** ~할 작정이다, 의도하다

 지름길 잉글리쉬

mean [miːn] **v** ~를 뜻하다, 의도하다, 의미하다

gather [gǽðər] **v** 모이다, 모으다 **n** 수확

store [stɔːr] **n** 가게, 저축 **v** 저장하다, 보관하다

o'clock [əklák] **ad** ~시

hurt [həːrt] **v** 다치게 하다, 고통을 주다, 아프다 hurt – hurt – hurt **n** 상처, 부상

with [wið] **prep** ~와 함께, ~을 가지고

rather [rǽðər] **ad** 오히려, 다소, 꽤

go out **v** 외출하다, (이성과) 교제하다

stay [stei] **v** 머무르다, 멈추어 서게 하다 **n** 멈추기, 정지, 체류

look forward to ~ing **aux** ~를 기대하다

Part IV

P135 · in [in] **prep** ~에(때), ~속에, ~안에

on [ɔːn] **prep** ~에(때), ~위에, ~의 표면에

in front of **prep** ~의 앞에, ~의 면전에

behind [biháind] **prep** ~뒤에, 배후에, 늦어서

under [ʌ́ndər] **prep** ~아래에, 밑에, ~미만

across [əkrɔ́ːs] **ad** 가로 건너서, 교차하여

along [əlɔ́ːŋ] **prep** ~을 따라, ~을 끼고

over [óuvər] **prep** ~의 위쪽에, ~에 걸쳐

until [əntíl] **prep** ~까지, ~에 이르기까지

receive [risíːv] **v** 받다, 응하다, 환영하다

many [méni] **a** (수가) 많은, 다수의

card [kaːrd] **n** 카드

bus [bʌs] **n** 버스, 대형자동차 **v** 버스로 가다

boat [bout] **n** 보트, 작은 배 **v** 배로 가다

plane [plein] **n** 비행기, 평면 **a** 편평한

foot [fut] **n** 발, 피트 **v** 걸어가다

trip [trip] **n** 여행, 소풍

business [bíznis] **n** 사업, 사무, 용건

cash [kæʃ]　n 현금, 현찰　v 현금으로 하다

credit card [krédit kaːrd]　n 신용카드

opinion [əpínjən]　n 의견, 견해

purpose [páːrpəs]　n 목적, 의지　v 의도하다

mistake [mistéik]　n 실수, 잘못, 오해　v 틀리다, 잘못 알다

accident [ǽksidənt]　n 우연, 사고, 재난

way [wei]　n 길, 도로, 통로, 방향

into [íntu]　prep ~안으로, ~까지

look for　v ~을 찾다, 기다리다

father [fáːðər]　n 아버지, 조상, 창시자　v 아버지가 되다

crossroad [króːsròud]　n 교차로, 네거리

big [big]　a 큰, 중대한, 훌륭한

shoes [ʃuːz]　n 신발, 구두

arrival [əráivəl]　n 도착, 도달, 출현

a few　a 조금은 있는 긍정　cf. few 거의 없는 부정

p141● and [ænd]　conj 그리고, ~와

but [bʌt]　conj 그러나, 하지만, 다만, ~이외에는

or [ɔːr]　conj 혹은, 또는

so [sou]　conj 그래서, 그렇게

skip [skip]　v 가볍게 빠트리다, 거르다, 건너뛰다

lunch [lʌntʃ]　n 가벼운 점심

dinner [dínər]　n 저녁 식사, 정찬

although [ɔːlðóu]　conj 비록 ~일지라도

digital camera [dídʒitl kǽmərə]　n 디지털 카메라

while [hwail] conj ~하는 동안, 한편으로, 반면에, 게다가

wherever [hwɛərévər] conj 어디든지 ~하는 곳에

though [ðou] conj 비록 ~이긴 하지만 ad 그래도

however [hauévər] conj 아무리 ~할지라도 ad 그러나

weather [wéðə:r] n 날씨, 기후

worse [wə:rs] a 보다 나쁜, 악화된 ad 더 나쁘게 n 더욱 나쁨

because [bikɔ́:z] conj ~때문에

therefore [ðɛərfɔ̀:r] ad 따라서, 그 결과

thus [ðʌs] ad 그러므로, 따라서, 이렇게

besides [bisáidz] ad 게다가, 그밖에 prep ~외에도

p147 smile [smail] v 미소 짓다 n 미소

afraid [əfréid] a 두려워하는, 걱정하는

failure [féiljər] n 실패, 부족, 쇠약

some [sʌm] a 어떤, 약간의, 다소의

poetry [póuitri] n 시, 운문

be back [bi bæk] v 돌아오다

moment [móumənt] n 순간, 때, 중요성

today [tudéi] n ad 오늘, 현재

machine [məʃíːn] n 기계, 기구, 조직

p153 cover [kʌ́vər] v 덮다, 덮어 가리다 n 덮개

white [hwait] n 흰색, 흰옷 v 희게 하다

mountain [máuntən] n 산, 다수, 다량

지름길 잉글리쉬

really [ríːəli]　**ad** 매우, 정말, 확실히

try one's best　**v** 최선을 다하다

too [tuː]　**ad** 무척, 너무나, 게다가

dark [daːrk]　**a** 어두운, 검은　**n** 암흑, 어둠

hardly [háːrdli]　**ad** 거의 ~아니다, 도저히 ~않다

doll [dɔl]　**n** 인형

only [óunli]　**a** 유일한, 최상의, 오직, 다만

neither [níːðər]　**ad** 어느 쪽도 ~아니다

smoking area [smóukiŋ ɛ́əriə]　**n** 흡연 구역

smoke [smouk]　**v** 흡연하다, 연기를 내다　**n** 매연, 연기

sister [sístər]　**n** 여자 형제, 자매　**a** 자매의

p159●　succeed [səksíːd]　**v** 성공하다, 성취하다

all the time　**ad** 항상 (=all times)

traffic accident [trǽfik ǽksidənt]　**n** 교통사고

alumnus [əlʌ́mnəs]　**n** 학생, 동창생, 졸업생

make a visit　**v** 방문하다

ability [əbíləti]　**n** 능력, 재능

foreign [fɔ́(ː)rin]　**a** 외국의, 낯선, 기묘한

language [lǽŋgwidʒ]　**n** 언어, 어법

attempt [ətémpt]　**n** 시도, 도전　**v** 시도하다, 도전하다

chance [tʃæns]　**n** 기회, 우연, 가망　**v** 우연히 일어나다, ~해보다

such [sʌtʃ]　**a** 그러한, ~같은, ~할 만큼

famous [féiməs]　**a** 유명한, 굉장한, 훌륭한

person [pə́ːrsn]　**n** 사람, 인간, 인물

다시 시작하는 영어첫걸음

올칼라 일러스트로 회화＋청취＋문법＋문화를 한방에!

◆ 기본 발음과 글자부터 시작

◆ 왕초보에게 딱 맞는 짧고 간단한 회화

◆ 올칼라 일러스트로 배우는 문법과 속 시원한 설명

◆ 현지촬영 사진으로 문화 엿보기

4×6배판 | 192쪽 | 12,800원 | 부록 [4개국 어휘집, MP3 CD 1장, TAPE 3개 포함]

한번만 보면 진짜~루 영어회화 가 잡힌다

우선 **발음**을 익힌다
그리고 **기본회화**로 기초를 다진 후,
요점해설로 마무리!

◆ 우리말로 배워서 엄청 쉽다!

◆ 발음부터 기본회화, 간단한 문법,
   그리고 문화에 대한 징보까지!

◆ 간단하고 쉬운 유용한 표현과 요점 해설!

◆ 효과적인 회화연습을 도와주는 MP3 CD와 TAPE!

4×6판 | 288쪽 | 12,000원 | 부록 [MP3 CD 1장, TAPE 2개 포함]

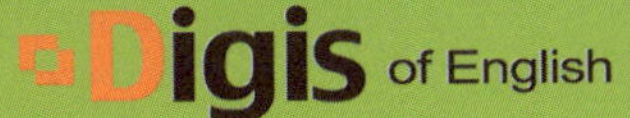

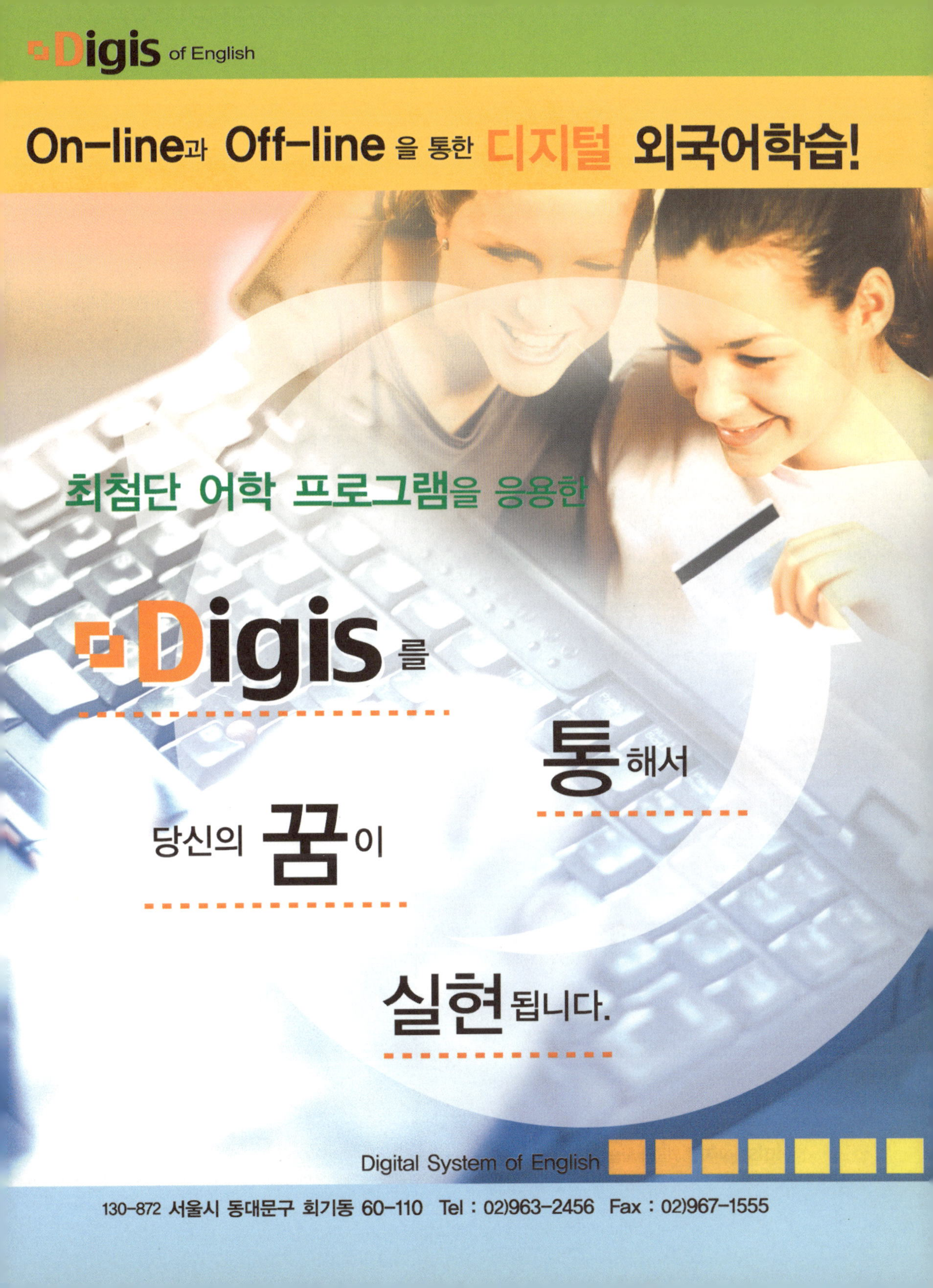
Digis of English
On-line과 Off-line을 통한 디지털 외국어학습!
최첨단 어학 프로그램을 응용한
Digis를
통해서
당신의 꿈이
실현됩니다.
Digital System of English
130-872 서울시 동대문구 회기동 60-110 Tel : 02)963-2456 Fax : 02)967-1555

지름길 잉글리쉬

왕도는 없어도
지름길은 있다

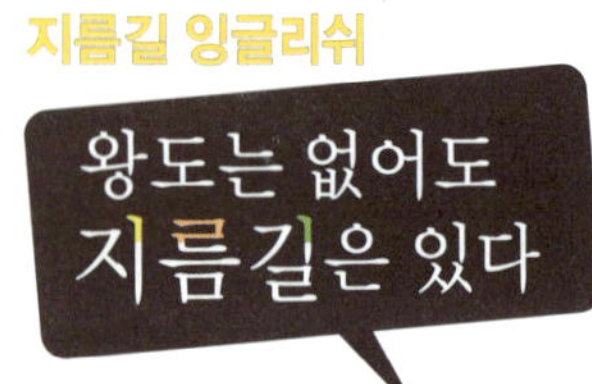

저자 유현경   감수 Gregory Stanton
1판 1쇄 2005년 9월 15일   발행인 김인숙   **발행처 디지스**
Editorial Director 김인숙   Planner 유현경   Designer 김혜경 · 정은석
Cover Design design 박정석   Cartoon 박미경
Printing 천일문화사

130-872
서울시 동대문구 회기동 60-110

대표전화   02-963-2456
팩시밀리   02-967-1555
출판등록   제 6-694호
일본판매   삼중당(Tokyo)
미국판매   샘터문고(LA)

ISBN 89-91064-09-4

Digis는 디지털 외국어 학습을 실현합니다.